Das Buch

»In all den Jahren, die ich in Schlachthöfen und Tankstellen, an Fließbändern und in U-Bahn-Tunnels geschuftet habe, ist mein Vokabular auf einen letzten Rest zusammengeschrumpft, aber mit diesem Rest versuche ich rauszuhämmern, was nur drin ist«, hat Charles Bukowski erklärt. Die einzige Alternative zum Schreiben wäre der Selbstmord. Der Erfolg dieses Mannes hat viele entsetzt. Warum wird dieser vulgäre, pockennarbige Macho, dieser saufende Schnorrer und Spieler als »großer Außenseiter« und »King of the hard-mouthed poets« gefeiert? Eine Antwort gab Nicolas Born: »In dem Band stehen, obwohl übersetzt, einige der besten Gedichte, die ich in den letzten Jahren gelesen habe.«

Der Autor

Charles Bukowski, 1920 in Andernach geboren, seit dem 3. Lebensjahr Einwohner von Los Angeles, ist heute einer der interessantesten amerikanischen Autoren. Nach wechselnden Jobs als Tankwart, Schlachthof- und Hafenarbeiter begann er mit 35 Jahren zu schreiben und hat bisher mehr als 15 Lyrik- und Prosabände veröffentlicht. Seine Gedichte erregten Aufsehen; Sartre und Genet haben ihn den »besten Dichter Amerikas« genannt. In deutscher Übersetzung sind erschienen: ›Aufzeichnungen eines Außenseiters‹ (1970), ›Der Mann mit der Ledertasche‹ (1974), ›Kaputt in Hollywood – und andere Stories vom täglichen Wahnsinn‹ (1976).

Charles Bukowski:
Gedichte die einer schrieb bevor er im 8. Stockwerk aus dem Fenster sprang

Herausgegeben und
aus dem Amerikanischen übersetzt von Carl Weissner

Deutscher
Taschenbuch
Verlag

dtv

Von Charles Bukowski
ist im Deutschen Taschenbuch Verlag erschienen:
Der Mann mit der Ledertasche (1230)

Im Text ungekürzte Ausgabe
Mai 1981
Deutscher Taschenbuch Verlag GmbH & Co. KG,
München

ISBN 3-87512-026-4
Die Gedichte in diesem Band sind eine Auswahl aus Bukowskis ›Poems Written Before Jumping Out Of An 8 Story Window‹ (Litmus, Berkeley 1967), ›The Days Run Away Like Wild Horses Over The Hills‹ (Black Sparrow Press, Los Angeles 1969) und ›At Terror Street And Agony Way‹ (Black Sparrow Press, Los Angeles 1968). Einige Gedichte erschienen in den Zeitschriften ›Wormwood Review‹, ›Klacto/23‹, ›Iconoclatre‹, ›Sixpack‹ und ›Nola Express‹ (New Orleans)
Umschlaggestaltung: Celestino Piatti
Gesamtherstellung: C. H. Beck'sche Buchdruckerei, Nördlingen
Printed in Germany · ISBN 3-423-01653-1

Carl Weissner: Der Dirty Old Man von Los Angeles

Der Mann, der sich am 8. August 1968 in einer Pinte des Los Angeles Airport mit mir treffen wollte, war nirgends zu sehen. Beim Barkeeper war keine Nachricht hinterlassen worden, am Schalter der Fluggesellschaft auch nicht, und bei der Auskunft lag ebenfalls nichts vor. Ich ging in eine Telefonzelle und wählte seine Nummer. ›Kein Anschluß unter dieser Nummer‹.

Langsam kriegte ich ein ungutes Gefühl. Der Mann war Alkoholiker, als riskanter Autofahrer verschrien, neigte zu Ausfallserscheinungen, hatte zwei Selbstmordversuche hinter sich, und der jüngste war er auch nicht mehr. Es gab also verschiedene Möglichkeiten ...

Der Mann hatte den weiteren Nachteil, daß er ein Einzelgänger war und kaum Freunde in der Stadt hatte. Ich erinnerte mich, daß er mir mal von einem Typ in Marina del Rey geschrieben hatte, bei dem er ab und zu auftauchte, um ihm seinen Tequila wegzusaufen. Ich rief bei dem Typ an – niemand zuhause. Dann gab es noch ›Open City‹, eine Undergroundzeitung, für die er eine wöchentliche Kolumne schrieb. Ich rief bei der Zeitung an: dort hatte man seit zwei Wochen nichts mehr von ihm gehört.

Ich überlegte. Der Mann wohnte ziemlich weit draußen, in Richtung North Hollywood. Taxi war bei der Entfernung nicht drin. Mit dem Bus war es ein Trip von mindestens zwei Stunden. Zwei Stunden quer durch Los Angeles zu fahren, ohne zu wissen, ob man am Ende auch jemanden antrifft, ist nicht jedermanns Sache. Ich tat es trotzdem.

Der Bus fuhr den Wilshire Boulevard runter. Nach einer ¾ Stunde fuhr er immer noch den Wilshire Boulevard runter. Auf dem Wilshire Boulevard kommt früher oder später der Punkt, wo man sich fragt, ob man überhaupt noch in der gleichen Stadt ist. Vor allem an einem stinkend heißen Tag im August, wenn der gelbliche Smog über der Stadt zu flimmern anfängt, das Sauerstoffgebläse im Bus ausgefallen ist und man sich vorkommt, als würde man in einer defekten Eisernen Lunge einen endlosen Krankenhauskorridor entlanggeschoben ...

Irgendwann fiel mir eine Hausnummer auf. 10223. Als es auf die 11000 zuging, stieg ich aus und fragte mich zur DeLongpre Avenue durch.

DeLongpre sah aus wie eine heruntergekommene Rollbahn,

rissiger Beton, links und rechts zwei lange Reihen von identischen flachen Holzhäusern, von denen der Anstrich abblätterte; verbrannter Rasen dazwischen, verdorrte eingestaubte Hecken, Sperrmüll, ab und zu ein Autowrack.

Das Wrack vor der Nummer 5124 war ein 57er Plymouth mit einem frischen Ölfleck unter dem Motor. Daneben stand eine Mülltonne, randvoll mit leeren Bierdosen. Hier war ich richtig.

Vor der Tür lag ein Pappschild:

> CARL: KLOPFEN ZWECKLOS. BIN VERMUTLICH IM TRAN. TRITT EINFACH DIE TÜR EIN. IST SOWIESO KAPUTT. WELCOME IN THE UNITED STATES!
>
> BUK.

Ich probierte die Tür. Sie war angelehnt. Wer in Los Angeles seine Haustür offen ließ, mußte entweder lebensmüde sein, oder auch noch im Suff über ausgezeichnete Reflexe verfügen.

Ich ging rein. Die Tür quietschte ein bißchen. Ich blieb stehen und sah mich um. Die Jalousien waren runtergezogen, es roch nach Zigarettenkippen, ranzigen Socken und alten Bierflecken auf dem Teppich. Eine zerfledderte Couch, aus der die Kapokfüllung quoll. Ein Satz Autoreifen in einer Ecke. Regale voller Bücher, Kisten voller Bücher, Zeitungen, Illustrierten. Fotos und Zeitungsausschnitte an den Wänden: Berichte von Schießereien, Raubüberfällen, Sexualmorden. Ein riesiger Bogen Packpapier mit komplizierten Berechnungen und Diagrammen – ein mysteriöses System für Pferdewetten, basierend auf den Einläufen sämtlicher Pferderennen von Santa Ana, Santa Anita, Del Mar und Hollywood Park während der letzten 3 Jahre. Vor dem Fenster zur Straße ein großer Arbeitstisch mit einer wuchtigen alten Remington und einem dicken Stapel Schreibmaschinenpapier.

»Amigo, ich glaub du hast Dreck auf den Ohren«, sagte hinter mir eine brummige Stimme, die ich schon mal auf einem Tonband gehört hatte. Ich drehte mich auf dem Absatz um.

Da stand er. Einsachtzig, etwa 110 Kilo, massig, hängende Schultern, breitbeinig, weite ausgebeulte Hosen, kariertes verschwitztes Hemd, vorne offen. Und dann sah ich zum ersten Mal dieses ramponierte Gesicht, live, aus nächster Nähe. Shit, dachte ich, dagegen würde sogar Eddie Constantine vergeblich anstinken . . .

»Du bist noch ganz schön auf Draht für dein Alter«, sagte ich.

»Mhm. Hat sich ab und zu schon ausgezahlt. Hier hast'n Bier.«

Die Dose, die er mir in die Hand drückte, war so eiskalt, daß meine Finger dran kleben blieben.

»Wenn ich nicht geahnt hätte, daß du es bist, hätt' ich jetzt was anderes in der Hand gehabt«, sagte er und grinste. »Tut mir leid, daß ich nicht am Airport sein konnte. Muß letzte Nacht irgendwo versumpft sein. Erinnere mich nur noch, daß ich kurz nach Mitternacht im Studio von KPFK gelandet bin. Hockte da, ein Mikrophon vor der Schnauze, ne Flasche mexikanischen Fusel in der Hand, und hab gequatscht, bis ich vom Stuhl gefallen bin. Gefiel denen anscheinend. Zwischendurch haben sie mich immer mit so roten Pillen gefüttert. Reds 'n' Alcohol, eine fürchterliche Kombination. Kann ich dir nur abraten davon. Das hält keine Sau aus. Naja, heute früh muß mich jemand hier abgeladen haben. Bin erst vor ner halben Stunde wieder zu mir gekommen und hab erst mal unters Bett gekotzt. Yech! Forget it ...«

Das war er also. Charles Bukowski, Sohn deutsch-polnischer Einwanderer, 1920 in Andernach am Rhein geboren, im Alter von 3 Jahren nach Amerika gekommen, aufgewachsen in den Vorstädten von Los Angeles, erste Vorstrafen als jugendliches Bandenmitglied, später Studium der Journalistik (abgebrochen), dann eine endlose Latte von Gelegenheitsjobs: Leichenwäscher, Tankwart, Werbetexter für ein Luxus-Bordell in New Orleans, Möbelpacker, Nachtportier, Schlachtergehilfe, Sportreporter, Müllkutscher, Hafenarbeiter, Zuhälter, Birnenpflükker, Schwellenleger bei der Eisenbahn, und schließlich – die letzten 11 Jahre (»Mein absoluter Rekord«) – Briefsortierer in einem Postamt in downtown Los Angeles.

(»Ein irrsinniger Job ... Schichtdienst ... nach der Stoppuhr ... wenn einer mal 10 Minuten aufs Scheißhaus geht, bricht sofort der ganze Laden zusammen ... und alle vier Wochen denken sie sich 'n neuen Verteilerschlüssel aus, den du auswendig lernen mußt ... als ich dort angefangen habe, hieß es: Bukowski, in spätestens zwei Wochen kriechst du hier aufm Zahnfleisch wieder raus ... jetzt bin ich 11 Jahre dabei ... bin natürlich die meiste Zeit krankgeschrieben ... trotzdem, es geht allmählich an die Substanz ... lang mach ichs nicht mehr ... bin nicht scharf drauf, eines Tages innem Postsack verscharrt zu werden ...«)

Und immer wieder der Alkohol, Schlägereien in Bars, Gefängnis, Leberschaden, Magendurchbruch, Krankenhaus, Operationen, verunglückte Weibergeschichten, das kaputte Gesicht, das kaputte Leben.

Von diesem Leben ist die Rede, während wir dasitzen in diesem schwülen muffigen Zimmer an der DeLongpre Avenue, ich noch mein erstes Bier in der Hand, er schon das sechste. Und um dieses Leben geht es in dem, was er schreibt – hart, direkt, ohne literarische Schnörkel: »Wenn du einen ganzen Monatslohn in 4 Stunden auf dem Rennplatz verloren hast und abends um zehn wieder in deine verschissene Bude zurückkommst und dich an die Schreibmaschine setzt, dürfte es dir verdammt schwerfallen, irgendwelchen schöngeistigen rosaroten Bullshit hinzuschreiben ...«

Er hat spät angefangen, mit 35, meistens Gedichte. Sie erscheinen in den zahllosen ›Little Magazines‹ überall in Amerika – in Undergroundmagazinen mit Titeln wie ›Wild Dog‹, ›Copkiller‹, ›Open Skull‹, ›The Outsider‹, ›The Wormwood Review‹, ›Notes From Underground‹, ›Fuck You‹ –, dann auch in Europa, in Südamerika, in Indien ...

Zwischen dem Job im Postamt, den Bars und den Pferderennstrecken in der Umgebung von Los Angeles bleiben ihm 2 oder 3 Stunden pro Tag an der Schreibmaschine, aber in diesen 2 oder 3 Stunden ist er voll da. Sein Output ist enorm, manches geht daneben, vieles trifft ins Schwarze, und das eine ist ihm genauso wichtig wie das andere:

»In all den Jahren, die ich in Schlachthöfen und Tankstellen, an Fließbändern und in U-Bahn-Tunnels geschuftet habe, ist mein Vokabular auf einen letzten Rest zusammengeschrumpft, aber mit diesem Rest versuche ich rauszuhämmern, was nur drin ist. Sonst bin ich bloß ein weiterer Selbstmord in einem verwanzten Loch oder in nem ausgebrannten Plymouth unten im Laurel Canyon oder im Meer oder auf nem Eisenbahngleis ...«

Mit der bequemen Tour – durch die Foyers der Establishment-Verleger und arrivierten Dichtercliquen an den Universitäten, bis hin zu den Förderpreisen und den gutbezahlten Lesungen im Guggenheim Museum – hat er nie etwas im Sinn gehabt. (»Ich bin kein lyrischer Entertainer, und ich habe nicht vor, mich auf die goldenen Scheißhäuser der Kultur zu abonnieren ...«) Im Gegenteil. Er hat keine Gelegenheit ausgelassen, sich mit ihnen anzulegen. Über einen Mangel an Feinden hatte er deshalb noch nie zu klagen. Aber auch an Verbündeten hat es nie gefehlt. Die schätzungsweise 20 größeren und kleineren Gedichtbände, die er mittlerweile veröffentlicht hat, sind alle in literarischen Kleinverlagen des Undergrounds erschienen. Das erste Buch, an dem er was verdiente, war ein Band Short Stories, den ein Pornoverleger in Hollywood herausbrachte.

1963 widmete ihm ›The Outsider‹ (damals neben ›Evergreen Review‹ und ›City Lights Journal‹ eine der wichtigsten amerikanischen Literaturzeitschriften) einen 20-seitigen Sonderteil und erklärte ihn zum »Outsider des Jahres«. Worauf sich chronische Dummschwätzer wie Robert Creeley und arrivierte Schönlinge von der ›New Yorker Schule‹ in ärgerlichen Briefen an den Herausgeber dagegen verwahrten, mit diesem besoffenen Rabauken weiterhin in der gleichen Zeitschrift zu erscheinen. John Webb, der Herausgeber (damals immerhin schon an die 50, und ein durchaus konventioneller Typ), erteilte diesen Jungs die denkwürdige Absage: »Hört auf, mich ins Ohr zu pimpern, Kumpels. Fickt euch lieber ins Knie.«

Bukowski, der es zu schätzen weiß, wenn einer Klartext redet, hat das in guter Erinnerung behalten. »Als Webb letztes Jahr am Abschnappen war, hab ich den Henry Miller dazu breitgeschlagen, daß er ihm ein Manuskript gibt. Das Ding war schon vor dem Erscheinungsdatum ausverkauft, die ganze Auflage. Seitdem ist der alte Webb saniert.«

Mittlerweile hat der Run auf Bukowski eingesetzt, die Auflagenhöhen steigen, das ›Phänomen Bukowski‹ beschäftigt die Establishment-Kritiker von der ›Los Angeles Times‹ und ›New York Review of Books‹ – was ihn weiter nicht kratzt, weil er die Gewißheit hat, daß er auf die Gunst dieser Typen nicht angewiesen ist –, die Fans rennen ihm die Tür ein, von der Universität in Kansas kommt einer an und will eine Dissertation über ihn schreiben (»Forget it ...«). Aber auch diejenigen, die ihm an den Karren fahren wollen, sind nicht weniger geworden:

»Neulich hat mir Bryan eine Auswahl aus seinen Leserbriefen gezeigt. Ich schreib da so ne Kolumne für seine Zeitung. Ich hab keine Zeit, das Ding zu lesen; soll aber ganz gut sein. Jedenfalls, da schrieb einer: ›Dieser Bukowski ist doch eine verlogene Sau. Tut dauernd so, als wär er kurz vor dem Abschnappen. Dabei hat er inzwischen ein dickes Bankkonto und fährt wahrscheinlich einen bar bezahlten Cadillac. Vermutlich hält er sich auch einen kleinen Homo, der ihm sein Zeug ins

Reine tippt und ihm die Unterhosen wäscht ...‹ Ha-ha. Bullshit! ...«

Er macht ein neues Bier auf, kippt es runter und wischt sich mit dem Hemd übers Gesicht.

»Sehr witzig. Siehst du meinen neuen Cadillac da draußen? Ah nee, mein kleiner schwuler Butler hat ihn grad runtergefahren zum Swimmingpool. Zum Waschen. Yep. Unterhosen. Hm, das erinnert mich an was ...«

Er verschwindet in die Küche; ich höre, wie er in den Ausguß kotzt. Dann kommt er mit einer Flasche Tequila und einem Pfund Salz wieder.

»Meersalz. Trink nie einen Tequila mit diesem Shit, den sie dir im Supermarkt als Salz verkaufen. Ungesund. Also, an meinem Leben hat sich nichts geändert. Ich meine, sieh dich um. Pfft. Außer daß ich von dem Rummel in der letzten Zeit ein zusätzliches Magengeschwür gekriegt habe. Ich lebe nach wie vor auf der Skid Row von Hollywood. Nichts für Ästheten. Aber damit kenne ich mich aus, damit habe ich arbeiten gelernt, deshalb bin ich gar nicht scharf drauf, daß sich das ändert. Ein paar Kneipen, in denen ich Kredit habe, ein paar Magazine und kleine Klitschen, für die sichs noch zu schreiben lohnt: Das ist alles was ich bisher hatte, und das ist alles, was ich zum Arbeiten brauche. Naja, und ab und zu mal ein Pferderennen, wo alles, läuft ...und ne dicke Nutte, die nicht zuviel redet und ein anständiges Steak auf den Tisch bringt. Was ich nicht brauche, sind diese blödsinnigen Arschlöcher, die mir dieses Scheiß-Image, dieses Humphrey-Bogart-Image anhängen wollen, oder mich als einen wildgewordenen Hemingway feiern oder als den Slum-Gott aus den Kloaken von Los Angeles oder was weiß ich ... Viele, die mein Zeug lesen, sind sich anscheinend nicht darüber im klaren, daß ich nur schreibe, um rauszufinden, ob ich schon vollkommen kirre bin oder nicht; ob ich die nächsten 24 Stunden überleben werde – überleben *will* – oder nicht; ob ich noch fähig bin, Klartext zu reden und das dann auch zu Papier zu bringen, statt einfach nur Literatur zu machen ...«

Damit ist, glaube ich, einiges gesagt. Nicht über den ›Geheimtip‹ Bukowski, den sich irgendwelche Feuilletonschreiber unter den Nagel reißen, die zehn Jahre zu spät dran sind, sondern über den amerikanischen Menschen Charles Bukowski, der unter anderem einiges dazu getan hat, dem Wort ›Dichter‹ etwas von seinem miesen Beigeschmack zu nehmen, und der sich selbst (mit einem gewissen ironischen Understatement) als

›dirty old man‹ bezeichnet, als ›alten Drecksack‹. Jedenfalls seit dem Tag, als er für John Bryan's OPEN CITY, die Undergroundzeitung von Los Angeles, seine erste Kolumne schrieb und sich dafür den Titel ›Notes of A Dirty Old Man‹ aussuchte.

Und genau wie seine Kolumnen sind auch seine Gedichte etwas anderes als das, was man sich im allgemeinen so darunter vorstellt. Was er schreibt, ist eine Autobiographie in Fortsetzungen, in täglichen Raten – Stories eines Mannes, der weiß, daß er auf der Kippe steht; jeder Satz kann sein letzter sein, aber der Ton bleibt cool, gelassen, konzentriert; beinahe ereignislose Stories, die mancher für nicht berichtenswert halten würde; entnervende Stories, die mancher andere lieber verdrängen würde (was offenbar allzu vielen auch gelingt): alltägliche Stories vom Leben in einer Stadt, die er einmal »die größte bewohnte Ruinenlandschaft der Welt« genannt hat.

Da ist zweifellos was dran. Trotzdem: Jedesmal wenn ich an Andernach vorbeifahre, sage ich mir, daß er sich mit Los Angeles immer noch was besseres eingehandelt hat.

[1973]

Buffalo Bill

Jedesmal wenn der Hausverwalter und seine Alte dabei sind
sich mit Bier vollaufen zu lassen
kommt sie hier runter und klopft bei mir an die Tür
und ich geh mit und trinke Bier mit ihnen.
Sie singen alte Songs und
er trinkt und trinkt
bis er rückwärts vom Stuhl fällt;
dann steh ich auf
stell den Stuhl wieder hin
und dann sitzt er wieder am Tisch
und greift sich ne
Dose Bier.

Irgendwann kommt das Gespräch immer auf
Buffalo Bill, sie finden Buffalo Bill
ausgesprochen komisch. Deshalb frag ich immer
»Gibts was neues von Buffalo Bill?«

»Oh, der sitzt wieder. Sie ham ihn
eingebuchtet. Sie sind gekommen und ham ihn geholt.«

»Wieso?«

»Die alte Geschichte. Bloß diesmal wars eine
von den Zeugen Jehovas. Sie hat bei ihm
geklingelt und hat dagestanden und
auf ihn eingeredet und er hat ihr sein
Ding gezeigt, na du weißt schon.

Sie ist hier runtergekommen und hat mirs erzählt
und ich hab zu ihr gesagt, ›Was wollen Sie denn
von dem Mann? Warum ham Sie bei ihm geklingelt?
Er hat Ihnen doch gar nichts getan!‹ Aber nein,
sie mußte zur Polente rennen und ihn verpfeifen.

Er hat mich aus der U-Haft angerufen. ›Well, ich habs
schon wieder gemacht!‹ ›Warum machst du es eigentlich
dauernd?‹, hab ich ihn gefragt. ›Was weiß ich‹, sagt er,
›Keine Ahnung, warum ich das mache!‹ ›Du solltest sowas

nicht machen‹, sag ich zu ihm. ›Ich weiß, daß ich sowas nicht machen sollte‹, sagt er.«

»Wie oft hat ers denn schon gemacht?«

»Ach Gott, was weiß ich, 8 oder 10 mal. Er macht es ständig. Hat allerdings 'n guten Rechtsanwalt, einen verdammt guten Rechtsanwalt.«

»An wen habt ihr denn jetzt seine Bude vermietet?«

»Oh, wir vermieten seine Bude nicht. Wir halten ihm seine Bude immer frei. Wir mögen ihn. Hab ich dir schon erzählt von der Nacht wo er besoffen war und draußen auf dem Rasen rumgetorkelt ist, splitternackt, und ein Flugzeug flog über uns weg, und er zeigte auf die Lichter, man sah bloß die Rücklichter und so 'n Zeug, und er zeigte auf die Lichter und brüllte: ›ICH BIN GOTT! ICH HAB DIE LICHTER DA IN DEN HIMMEL GETAN!‹ ...«

»Nee, davon hast du mir noch nie was erzählt.«

»Trink erst mal 'n Bier, dann erzähl ich dirs.«

Ich trank erst mal ein Bier.

Der Knast von Moyamensing

In den Mittagspausen pokerten wir, mit Würfeln und so,
in einer Ecke des Gefängnishofes. Die anderen
spielten Basketball mit einem alten
zusammengeknüllten Hemd.
Ab und zu wurden wir unterbrochen von einem
bleichgesichtigen Bullen im Turm der seine
Knarre auf uns anlegte.
Aber irgendwie kriegten wirs fertig
jeden Tag ein paar Spiele zu machen
und mit etwas Glück und ner guten Hand
hatte ich bald dem ganzen Block
den Kies abgenommen.
Und am Morgen und an den Tagen danach
passierte etwas Merkwürdiges:
die Schließer, die Pisser, die Messerhelden, die
Safeknacker, die Schläger, die Irren, die Freaks,
die abgehalfterten Traumpräsidenten von Amerika,
der Koch, selbst meine Feinde – alle redeten mich mit
»Mr. Bukowski« an. Eine Art Unsterblichkeit,
nur eine Andeutung davon,
aber so real wie Schweinskopf mit Sülze oder tote Blumen;
und ich begann zu ahnen
was das hier bedeutete –
Mr. Bukowski, das Poker-As,
der Mann mit dem Zaster,
in einer Welt wo praktisch keiner
was hatte ...
Unsterblichkeit.
Und ich brauchte ihnen keinen Shelley zu rezitieren
– alles fiel mir wie von selbst zu:
Jungs mit schmalen Hüften, für die ich keine
Verwendung hatte
und Steaks und Ice Cream und Zigarren, womit ich
durchaus was anfangen konnte, und
Rasiercreme, neue Rasierklingen, die letzte Ausgabe des
NEW YORKER.
Unsterblichkeit. Ein Fetzen Himmel in der Hölle.
Und ich genoß es, bis sie mich wieder rausjagten
auf die Straße,

zurück zu meiner Schreibmaschine –
unschuldig, faul, fickrig vor Angst,
und sehr sterblich.

Eine Nacht mit Mozart

Sie erschossen ihn in seinem Wagen und schlitzten ihm die
Taschen auf; die 1800 Dollar teilten sie sich zu viert.
Ich hatte ihn regelmäßig auf dem Pferderennplatz gesehen,
er beobachtete die Anzeigetafel
und machte mit uns in letzter Sekunde den Rush zum
Wettschalter;
er genehmigte sich nie einen Drink,
er nahm nie eine Frau mit nach Hause
und redete mit keinem;
ich redete auch mit keinem,
außer wenn ich mir einen Drink bestellte
oder wenn ich eine Nutte mit guten Beinen
und einem strammen Arsch sah
und ihr bei einem Scotch & Water zu verstehen gab
daß ich für später Interesse hätte;
worauf ich hinauswill ist
daß dieser Typ ein Profi war,
für ihn war es Arbeit;
er kam nicht da hin um zu grölen und sich zu besaufen
und eine Nutte abzuschleppen —
er kam hin, um zu *gewinnen,* was in jedem Fall
besser ist als für einen anderen die Stechuhr zu füttern;
als ich ihn gegen Ende der Saison immer häufiger
am Totalisator vor dem 50-Dollar Fenster sah
wußte ich, daß es bei ihm viel besser lief als bei mir;
auf der Anzeigetafel tauchten ne Menge komische
Notierungen auf,
irgendein Typ mit viel Geld schien im letzten Moment noch
ein oder zwei Tausender zu setzen; und dieser Typ
mit viel Geld
war er.
Am Ende mußten wir jedesmal erst mühsam austüfteln
auf welches Pferd er setzte
bevor wir unsere eigenen Wetten plazierten; dabei
gings jedesmal um Sekunden, und wir kamen ganz schön
ins Schwitzen . . . jedenfalls, dem großen Schweiger machte das
nichts aus, er tauchte immer ne ganze Weile vor uns
am Wettschalter auf und spazierte dann gemütlich davon;
er wurde besser, seine Anzüge wurden immer teurer, er

wirkte zunehmend gelassener, und nach den meisten Rennen
sah man ihn irgendwo auf der Seite stehen und
Banknoten in seine Brieftasche schieben,
und Jeanette, eine von den Nutten, sagte
»Dem würd ich einen abkauen und dann würd ich ihm
so lang die Eier zusammendrücken bis er mir verrät
wie ers macht . . .«
»Würdest du das bei mir auch machen, Baby?« fragte ich
sie.
»So wie du hier spielst kannst du von Glück sagen
daß man dich überhaupt reinläßt«, sagte sie und goß sich
einen Drink runter der mich 85 Cents
gekostet hatte. »Hast du immer noch deine Mozart-
Platten?«, fragte ich sie.
»Was hat'n das damit zu tun?«, wollte sie wissen.
Ich ließ sie stehen und ging weg.

Am nächsten Tag las ich es in der Zeitung. Nach Zeugenaussagen waren es 3 Männer gewesen, und eine Frau saß am Steuer. Ich sah Jeanette an der Bar. »Hallo, Mozart«, sagte ich. Sie wirkte ein bißchen nervös, obwohl doch ihr Geschäft gerade ganz gut lief . . . »Ich werd mir auf deine Rechnung erst mal einen Doppelten genehmigen«, sagte ich. »Und nach dem nächsten Rennen darfs ein Wodka sein. Ich werde heute alles durcheinander trinken. Bin schon seit ein paar Jahren nicht mehr richtig besoffen gewesen.« Sie musterte mich, während sie sich eine Zigarette ansteckte. Dann sagte ich: »Außerdem wirst du mir jetzt ne Schachtel Zigaretten kaufen, und heute abend wirst du mitkommen und wir werden uns die ganze Nacht Mozart anhören. Und es wird dir gefallen. Es wird dir gar nichts anderes übrigbleiben.«

Sie zahlte für meinen Drink. »Du bist anscheinend lebensmüde«, sagte sie. »Hör mal zu, du Herzchen«, sagte ich, »dem Tod lauf ich schon seit Jahren hinterher.«

Ich machte mir einen schönen Tag, dann fuhren wir zusammen nach Hause und hörten uns stundenlang Mozart an.
Auf der Matratze war sie so gut wie immer. Nur kostete es diesmal nichts. Dann heulte sie die halbe Nacht und sagte sie würde mich lieben. Ich wußte auch genau, warum.

Am nächsten Nachmittag auf dem Rennplatz redete ich kein Wort mit ihr; ich gewann 112 Dollar, Drinks und Eintrittsgeld abgerechnet, und auf der Rückfahrt sah ich ständig in den Rückspiegel, als sei ich Gott weiß was für ein lohnendes Objekt, und dann mußte ich lachen, Shit, die wußten ganz genau daß ich ne Null war; von denen hatte ich nichts zu befürchten. Eigentlich sollte ich sie bei den Bullen verpfeifen, aber davon wird der Tote auch nicht wieder lebendig.

Ich kam nach Hause und machte einen kleinen Scotch auf. Mozart hatte ich satt. Ich versuchte es mit Rake's Progress von Strawinski. Ich studierte ne halbe Stunde lang die Rennlisten für den nächsten Tag, telefonierte mit einer Frau in Sacramento, trank noch ein bißchen und stieg in die Falle, allein, ungefähr um halb 12.

Schlaf

Sie war ein bißchen kurz geraten,
wurde allmählich dick, hatte aber mal verdammt
gut ausgesehen, und
sie trank ständig Wein,
trank ihn sogar im Bett, und
redete und fluchte und brüllte mich
an
und ich sagte zu ihr
    Komm, sei so gut, ich brauch
    meinen Schlaf.
  Schlaf? Schlaf? du mieser
  Sack, du schläfst doch nie,
  du brauchst überhaupt keinen
  Schlaf!

Ich beerdigte sie an einem frühen Morgen
Ich trug sie die Abhänge der Hollywood Hills runter
durch Geröll und Brombeerhecken aus denen
Kaninchen rausrannten
und bis ich das Loch ausgehoben
und sie reingesteckt hatte
mit dem Bauch nach unten
und den Dreck wieder reingeschaufelt hatte
war die Sonne aufgegangen und es war warm
und die Fliegen waren träge und
ich konnte kaum aus den Augen sehen
alles war so
warm und gelb.

Irgendwie schaffte ich es, nach Hause zu fahren, und ich
stieg ins Bett und
schlief 5 Tage und 4 Nächte
lang.

Die Leiche meines Onkels
(Für J. B., der solches Zeug nie gelesen hat)

Die Leiche meines Onkels
raste auf einem Motorrad durch Arcadia
und schändete eine Hausfrau in einer
Garage voller Harken und Wasserschläuche.
Die Leiche meines Onkels hinterließ
1. eine Dose Erdnußbutter
und
2. zwei Mädchen die
Katherine &
Betsy hießen
und
3. eine schlampige Frau die ständig
flennte.
Die Leiche meines Onkels hatte
auch eine Schwäche für
Pferdewetten
und
machte Falschgeld –
meistens Groschen; das FBI war auch
hinter ihr her,
wegen einer schlimmeren Sache,
aber was das genau war
hab ich seither vergessen.
Die Leiche meines Onkels
streckte sich nach der Decke,
war aber trotzdem zu kurz,
und wenn sie einem entgegenkam
knickte sie in den Knien ein
wie ein kaputter Flitzbogen.

Die Leiche meines Onkels
rauchte und fluchte
und wurde verscharrt
dort wo man Leichen verscharrt
die kein Geld
haben.

Fast hätte ich noch was vergessen:
seine Leiche hieß »John«
und hatte grüne Augen,
aber die machtens nicht
lange.

Die Tretmühle

Wirklich, zu den schauderhaftesten Dingen
gehört es, Nacht für Nacht
im Bett zu liegen
mit einer Frau
die man nicht mehr pimpern will.

Sie werden alt, sehen nicht mehr gut
aus, fangen sogar schon an
zu schnarchen, und verlieren ihr
Temperament.

Da liegst du also im Bett
und manchmal drehst du dich um
und berührst dabei ihren Fuß –
mein Gott, *schauderhaft!* –
und die Nacht ist da draußen
hinter den Vorhängen
und sperrt euch zusammen
in eurem
Grab.

Und am nächsten Morgen, wenn du
ins Badezimmer willst, geht ihr
im Flur aneinander vorbei, redet etwas,
sagt belanglose Dinge. Eier brutzeln,
Motoren springen an.

Aber am Frühstückstisch
sitzen sich 2 Fremde gegenüber,
schieben sich Toast in den Mund
und gießen sich heißen Kaffee
in den Bauch.

In zehn Millionen Wohnungen in Amerika
ist es dasselbe –
ausgelaugte Lebewesen, aneinander-
gelehnt,
ohne jede
Chance.

Du steigst ins Auto,
fährst zur Arbeit,
und dort sind wieder Fremde, die meisten
ebenfalls mit jemand verheiratet,
und in der Tretmühle, unterm Fallbeil,
finden sie noch Zeit miteinander zu
flirten, Witze zu machen, sich gegenseitig
in den Arsch zu kneifen, gelegentlich mal
irgendwo einen Stehfick durchzuziehen –
zuhause gehts nicht –
und dann wieder
die Fahrt nach Hause,
das Warten auf Weihnachten, auf den 1. Mai,
auf den Sonntag,
oder sonst was.

Strafzettel

Ich hab mal wieder die
Arbeit hingeschmissen
und die Polizei stoppte mich
auf der Serrano Avenue
weil ich angeblich bei Rot
weitergefahren war
und ich stand da
bis zu den Knöcheln
in einem Haufen alter Blätter,
ich war ziemlich benebelt
und hielt den Kopf abgewandt
damit meine Alkoholfahne
nicht so stark auffiel,
und ich nahm den Strafzettel
in Empfang, und zuhause
erwischte ich eine gute Symphonie
im Radio, von so einem Russen
oder Deutschen, von einem dieser
finsteren harten Burschen,
aber trotzdem kam ich mir einsam vor
und fror
und steckte mir eine Zigarette
nach der anderen an,
ich stellte den Heizofen an
und dann sah ich auf dem Boden
eine Zeitschrift mit einem Foto von mir
auf dem Umschlag
und ich ging hin und hob sie auf
aber das war nicht mehr ich,
denn was gestern war
ist vorbei
und was heute ist:
nichts als Ketchup und Windhunde
und Krankheit
und Frauen, manche davon
für Augenblicke so schön wie
eine dieser Kathedralen,
und jetzt spielen sie Bartok,
der wußte was er tat,

was bedeutet: er wußte nicht was er tat,
und morgen werde ich vermutlich wieder zurück
zu diesem Scheißjob gehen
wie zu einer Frau mit 4 Kindern,
falls sie mich noch haben wollen,
aber heute weiß ich eins: ich bin gerade
nochmal davongekommen,
30 Sekunden länger und ich wäre erledigt gewesen,
und es ist wichtig
daß man so einen Augenblick
rechtzeitig kommen sieht
damit man weiter am Ball bleibt
und weiter herumrätseln kann
an dem hartnäckigen Lebenswillen einer
zertrampelten Blume, eines Berges, eines
Schiffes, einer Frau,
an der Geheimschrift von Frost und Stein,
wenn alles zu so einem Augenblick gerinnt
wo du dich sauber fühlst und nach Kernseife riechst
und an Paris denkst, an Spanien, das Stöhnen von
Hemingway, die Blaue Madonna, das neugeborene
Stierkalb, eine Nacht
in einer Besenkammer, wo du
rote Farbe säufst;
und ich hoffe, daß ich den Strafzettel bezahlen kann,
obwohl ich meines Wissens nicht
bei Rot weitergefahren bin,
aber die
behaupten es nun mal.

Die Schattenseite von Hollywood

Die Fenster alle dunkel
die Tankstellen im Neonlicht
und da oben
auf den Bergen
machen die reichen Hengste
mit ihren schönen Stuten
einen drauf
während ich Donizetti höre
der 1797 gestorben ist
und es ist nichts zu rauchen da
aber genug zu trinken
und ich habe die Bettwäsche abgezogen
die brand-
rote
Flecken hat
und es dämmert mir
mal wieder
daß ich
sterben muß.

Donizetti geht weiter,
das auf den Bergen geht weiter,
ich gieße mir
einen neuen Drink
ein.

Ein Genie

Heute hab ich im Zug einen
genialen Jungen
kennengelernt.
Er war ungefähr 6 Jahre alt,
saß direkt neben mir,
und als der Zug an der Küste
entlangfuhr
sah man das Meer
und wir schauten beide aus dem
Fenster
und sahen das Meer an
und dann drehte er sich
zu mir um
und sagte,
»Das is nich schön.«

Da ging mir das zum
ersten Mal
auf.

Schon mal gelebt?

Es kommt die Zeit wo man tiefer
in sich reingehen muß
und es kommt die Zeit
wo sichs unschuldiger
und leichter stirbt
wie bei nem Bombenangriff
auf Santa Monica,
und ich erinnere mich noch
wie ich da mal am Strand lag,
20 Jahre alt,
und Faulkner las
weil der Name so gut klang
und plötzlich so ein komisches
Gefühl hatte
als wäre ich nicht mehr
ich selbst;
ich klappte das Buch zu
und das Meer
ödete mich an
und der Himmel
blau blau blau
mit weißen Flecken
alles drehte sich
ich saß in der Falle
wollte raus
aber ich wußte
ich war geliefert
wie die Sandflöhe
nach denen ich schlug,
und Mr. Faulkner
lag auf der Seite
unsterblich
und kriegte einen
Sonnenbrand
zusammen mit
meinen Zehen
und alles kam ins Rutschen
und stimmte irgendwie
nicht mehr.

Der Unterschied zwischen einem guten Dichter und einem schlechten ist eine Portion Glück

So ungefähr, nehm ich an.
In Philadelphia wohnte ich in einer Bude
unterm Dach, im Sommer wurde es da
ziemlich heiß, deshalb hielt ich mich
hauptsächlich in Bars auf. Mit Geld
war ich knapp dran, deshalb setzte ich
mit dem letzten Rest eine Annonce in die
Zeitung: Schriftsteller sucht Arbeit ...
was eine gottverdammte Lüge war; ich suchte
keine Arbeit, ich suchte ein bißchen
Zeit, ein bißchen was zu essen, und die Miete
für meine Dachbude.
Ein paar Tage danach, als ich mal wieder
von einer längeren Sauftour zurückkam,
sagte meine Wirtin, »Da war jemand da,
der wollte zu Ihnen«, und ich sagte,
»Da täuschen Sie sich bestimmt«;
»Nee«, sagte sie, »es war ein Schriftsteller
und er sagte, er könnte Sie brauchen
damit Sie ihm helfen ein Geschichtsbuch
zu schreiben.«
»Oh, fein«, sagte ich. Damit brauchte ich mir
für die nächsten acht Tage wegen der Miete
keine Sorgen zu machen.
Ich saß also rum, trank Wein auf Kredit
und sah den Tauben zu
wie sie auf meinem heißen Dach
schwitzten und fickten.
Ich stellte das Radio so laut wie es ging,
trank meinen Wein und überlegte
wie man eine Geschichtsbuch
interessant machen konnte
ohne daß dabei die Wahrheit
zu kurz kam.
Aber der Typ ließ sich nie mehr blicken
sodaß ich schließlich bei einem Ausbesserungs-
trupp von der Eisenbahn anheuern mußte;
es ging nach Westen

und sie gaben uns Konserven mit
aber keine Öffner,
und wir mußten die Dosen
an den alten verstaubten hundertjährigen
Eisenbahnwaggons aufknacken
und der Fraß war kalt und nicht richtig gar
und das Wasser schmeckte nach Kerzendocht
und irgendwo in Texas schlug ich mich
seitwärts in die Büsche,
alles war grün, nette Häuser in der Ferne,
und ich entdeckte einen Park
und schlief die ganze Nacht
und dann entdeckten sie mich
und steckten mich in eine Zelle
in der es nur eine Kloschüssel gab,
keinen Wasserhahn, kein Waschbecken,
und sie fragten mich aus
über Morde und Raubüberfälle,
sie wollten sich ne Menge alte Fälle
vom Hals schaffen, um zu beweisen
wie tüchtig sie waren,
aber *so* blöde war ich nun auch wieder nicht
und sie fuhren mich 57 Meilen
bis in die nächste Stadt
und der Große gab mir einen Tritt in den Arsch
und sie fuhren weg.
Aber ich hatte Glück:
2 Wochen später saß ich bei einer
im Bürgermeisteramt, döste vor mich hin,
wie die dicke Schmeißfliege die auf meinem
Arm saß, und gelegentlich nahm mich meine Flamme mit
zu einer Sitzung des Stadtrats
und ich hörte zu, machte ein ernstes Gesicht,
als wüßte ich was läuft,
als wüßte ich wie man mit dem Budget operiert
so daß keinem was auffällt;
und später gings dann ins Bett, und ich wachte auf
mit Bißwunden und blauen Flecken, und ich sagte:
»Verdammt, paß doch auf Baby! du hängst mir noch
den Krebs an! und ich muß erst noch die Geschichte des
Krimkriegs umschreiben!«
und all die Cowboys gingen bei ihr ein und aus,

fett, dämlich, und staubig von Kopf bis Fuß,
und wir standen rum und schüttelten einander die Hand.
Ich hatte ein Paar alte Blue Jeans an, und sie sagten
»Oh, du bist Schriftsteller, eh?«
und ich sagte »Naja, es soll ein paar Leute geben,
die mich dafür halten.«
Und es soll auch jetzt noch ein paar geben, die mich
dafür halten ...
es soll allerdings auch welche geben, die noch nicht
auf den Trichter gekommen sind.
Zwei Wochen danach
jagten sie mich
aus der Stadt.

Krawall

Der Grund für den Krawall war, daß wir ständig
Bohnen zu fressen kriegten,
und einer von den Aufpassern schnappte sich einen
schwarzen Jungen, der seinen Teller auf den Boden schmiß
und jemand drückte auf einen Knopf
und plötzlich droschen alle aufeinander ein; ich
donnerte meinem besten Freund eins
hinter die Löffel
jemand kippte mir ne Ladung Kaffee ins Gesicht
(warum auch nicht, trinken konnte man ihn sowieso nicht)
und als ich auf den Gefängnishof rauskam
waren sie bereits am Ballern
und jeder Ganove schien ein Messer zu haben
bloß ich nicht
ich konnte nur noch beten und rennen
aber erstens hatte ich zu Gott kein Verhältnis, und zweitens
war ich fett geworden vom vielen Pokerspielen mit meinem
Kumpel aus der Zelle
und dann kam die Stimme des Direktors aus den Lautsprechern,
und später hörte ich daß der Koch das Durcheinander
dazu benutzt hatte, einem Matrosen
die Unschuld zu rauben;
mir kam meine Rasiercreme abhanden, eine Packung Zigaretten
und eine Ausgabe des *New Yorker*;
außerdem wurden 3 Männer erschossen
ein halbes Dutzend kriegte Messerstiche ab
35 kamen ins Loch;
alle Vergünstigungen wurden aufgehoben,
die Schließer waren so fickrig wie Buchmacher in
Los Angeles,
das Gefängnisradio wurde abgestellt,
es herrschte Grabesruhe;
Besucher durften nicht mehr rein,
nur die Post kam noch durch,
und am nächsten Morgen kriegte ich einen
Brief aus St. Louis:
Lieber Charles, tut mir leid, daß du im Gefängnis sitzt,
aber du darfst eben nicht das Gesetz brechen;

der Brief roch nach Parfüm, eine gepreßte
Nelke lag drin, ein Hauch von Freiheit,
von Küssen und Schlüpfern,
Gelächter und Bier;
und zum Abendessen
trieben sie uns wieder im Gleichschritt runter
zu den Bohnen.

Die Bude in Chinatown

Ich will nicht wieder davon anfangen
daß die Toten an die Tür klopfen
und um ein Stück Brot betteln
und die Atom-Eier jeden Augenblick
hochgehen können und die
Hölle los ist
aber jedenfalls
ich hatte mir für 6 Dollar die Woche
eine Bude in Chinatown gemietet
mit einem Fenster
so groß wie die halbe Welt
voller Nachtfalter und Neon
illuminiert wie der Broadway
um die Ratten auf Distanz zu halten
und ich ging in eine Bar und hockte mich hin
und der Chinese sah sich meine abgerissenen
Klamotten an und sagte:
no credit
und ich zog ne Hundert-Dollar-Note raus
und bestellte mir ne Tasse Konfuzius-Saft
und 2 chinesische Puppen mit Schlitzaugen
die fast so groß waren wie sie selber
schoben sich näher an mich ran
und wir hockten da
und warteten.

Die alten Filme

... waren die besten. Die von der Fremdenlegion,
wo sich jeder ne Fickliese hielt, und die Araber kamen
angeritten auf ihren weißen Paradehengsten, und der
Sergeant hielt das Fort indem er die Toten wieder
an die Schießscharten stellte bis Verstärkung kam.
Und die von den Jungs, die in ihren Doppeldeckern rumflogen,
die reinsten Drahtverhaue, und irgendwo gabs immer eine
platinblonde Schönheit, die ein Symbol für
ALLES zu sein schien. Vielleicht liegt es daran, daß ich
damals noch ein Kind war; oder es ist eben einfach nicht mehr
das gleiche: all die trickreichen Einstellungen, die
ängstlichen Patrioten, die zickigen Luftschutzwarte, ein
Fick für ne Packung Zigaretten, und selbst der Feind
schien mitzuspielen. Oder der, wo sie in einem Granat-
trichter diese japanische Krankenschwester fanden,
die einen Splitter in der Brust hatte und eine Dosis
Sulfonamid wollte, und einer von den Jungs sagte, »Hey, was
meint ihr – ob wir die noch ficken können bevor sie uns
abkratzt?«

Als Hugo Wolf die Motten kriegte

Hugo Wolf kriegte die Motten als er gerade eine Zwiebel
aß und sein 253. Lied komponierte; es war ein verregneter
Tag im April und die Würmer kamen aus der Erde und
summten Tannhäuser und er drehte durch;
er fegte das Tintenfaß vom Tisch, sein Blut hämmerte an die
Schläfen, und er heulte und brüllte und schrie, und die
Hausverwalterin unten im Erdgeschoß dachte,
Ich habs doch schon immer gewußt daß dieses Arschloch
nicht mehr alle Tassen im Schrank hat! Jetzt
hat er sich also seine letzte Arie
runtergewichst und mit der Miete
die er noch schuldet
läßt er uns hocken!
Eines Tages wird man ihn im Regen beerdigen
und irgendwann wird er mal berühmt sein
aber im Moment interessiert mich bloß eins:
daß er endlich mit dem verdammten Geschrei aufhört –
für mich ist er nichts als ein
dämlicher schwuler Affenarsch
und wenn sie ihn hier rausschaffen kann ich bloß hoffen
daß man mir einen anständigen soliden
Fischer reinsetzt
oder 'n Henker
oder einen
der fromme Traktätchen
verkloppt.

Wieder so ein Kritiker

Yeah, sagte er, ich weiß wie du das machst
mit deinen Gedichten: ›Ich riß ihr die Schlüpfer runter
und mit einem einzigen Stoß rammte ich ihr das Ding
bis rauf ins Hirn.‹
Ha ha, sagte ich.
Doch doch, sagte er, ich weiß Bescheid wie das läuft
mit deinen Gedichten: ›Mir gefiel sein Gesicht nicht,
deshalb habe ichs ihm mit ner Flasche zu Matsch geschlagen,
und dann hab ich ihm das Hemd runtergerissen und den Boden
damit aufgewischt.‹
Ha ha, sagte ich.
Yeah, sagte er, ich weiß genau wie du
das machst: ›Ich . . .‹
Na?, fragte ich.
Naja. Weißt schon, was ich meine.
Mhm. Ich weiß, was du meinst.
Er stand auf und ging. Ich stand auf
und schmiß seine leeren Bierdosen
in die Mülltonne.

Dann setzte ich mich wieder
an meinen Drink.

Szene in einem Zelt bei den Baumwollfeldern von Bakersfield

Wir rauften uns 17 Tage lang in diesem Zelt
es ging hin und her
aber am Ende ging sie mir dann doch durch
und ich stelzte raus
und spuckte
in den dreckigen Sand.

Abdullah, sagte ich, warum wäschst du nie
deine Unterhosen? Du hast jetzt schon
seit 17 Jahren
die gleichen Unterhosen an.

Effendi, sagte er, die Sonne,
die Sonne macht alles rein. Was
war denn mit dem Girl?

Weiß nicht. Entweder
hab ichs ihr nicht
recht gemacht
oder es lag daran
daß ich sie nicht recht
zu fassen kriegte. Sie war
ziemlich jung.

Was hat sie dich gekostet, Effendi?

17 Kamele.

Er pfiff durch seine kaputten
Zähne. Wirst du sie dir
nicht wieder einfangen?

Wie denn, verdammt nochmal? Ob ich
wenigstens meine Kamele wieder-
kriegen kann?

Bist ja schließlich Amerikaner, sagte er.

Ich ging zurück ins Zelt
ließ mich auf den Boden fallen
und hielt mir
den Kopf.

Plötzlich kam sie wieder
reingeplatzt und kicherte
wie verrückt

Americano!
Americano!

Sei so gut

und verschwinde,

sagte ich.

Männer, sagte sie während sie sich hinhockte und
ihre Strümpfe runter rollte, sind irgendwie tapsige Dinger
und gleichzeitig die reinsten Tiger. Was dagegen, wenn ich
mir die Strümpfe runter rolle?

Von mir aus, sagte ich, kannst du dir
dein Kleid gleich mit runter-
krempeln. Nutten
krempeln sich ständig was
runter. Sei so gut
und verschwinde. Ich hab mal was gelesen
wie so ne Schiffsbesatzung den Helm rumgehen ließ
fürs Rote Kreuz; schätze ich werd ihnen sagen
sie sollen ihn mal rumgehen lassen
und für deinen flabbrigen Arsch
sammeln.

Sag ihnen, sie sollen ihn zweimal rumgehen lassen, Paps,
sagte sie. Warum liebst du mich denn
nicht mehr?

Ich hab mir vergeblich vorzustellen versucht, sagte ich,
wie man jemand lieben kann, der
eine schwache Blase hat

und Blähungen in den Eingeweiden.
Pack deinen Kram zusammen, Tochter, und mach
die Fliege, heb dich hinweg
von meinem Antlitz!

Du vergißt eins, Daddy-o: wir sind hier in
meinem Zelt!

Mein Gott, sagte ich, immer diese blöde Tour
mit dem Privateigentum! Wo ist mein
Hut?

Du hast'n Turban aufgehabt, Paps. Aber
küß mich doch, Daddy, nimm mich in den Arm!

Ich ging rüber und walkte ihr die Titten durch.

Ich trink zuviel Bier, sagte sie.
Kann nichts dafür daß ich dauernd
pissen muß.

Wir fickten 17 Tage lang.

Krieg und Frieda

Die Spanier wollten den Krieg zu Ende bringen,
sie gaben sich alle Mühe, aber es klappte nicht;
und Domenico kam übern Berg und
knallte das weiße Huhn ab und vergewaltigte die Frau
in der Hütte, und dann ritt er die Straße rauf,
sah sich die rosaroten Anemonen an, die trägen Kröten,
und als er in der Stadt war, aß er eine heiße Tamale,
und durchs Fenster sah er die Kriegsflotte,
und die Kriegsflotte richtete ihre Kanonen auf die Stadt,
er sah sich das an, und schon kam eine Breitseite
angerauscht, und während es rauchte und staubte
griff er sich die Zigarettenverkäuferin und
vergewaltigte sie, dann stieg er wieder auf sein
Maultier, das vorsichtig über die Leichen kletterte,
und ritt zurück ins Dorf; seine Hütte stand noch,
und seine Frieda war unten am Fluß und klopfte
die nasse Wäsche auf einem Felsen,
und am Himmel erschienen die Flugzeuge,
die sahen sich die da unten an,
setzten zum Sturzflug an,
sagten sich dann aber doch
daß ihre Bomben für die da unten zu schade waren
und flogen wieder weg;
und Domenico ging rein und
fläzte sich hin,
und seine Alte kam rein
und wackelte mit dem was sie
noch hatte,
und er sagte, *Krieg ist einfach ne schauderhafte Sache*,
und er fragte sich, ob sich jemals einer die Mühe machen
würde, sie zu vergewaltigen, und falls ja: er würde ihn
nicht daran hindern, der könnte sie ruhig haben,
war sowieso nicht viel an ihr dran, eigentlich garnichts,
und er sagte sich, Pennen ist besser als garnichts,
und pennte ein.

Shot of Red-Eye

Ich hab meine Sozialversicherungs-
karte immer ganz hoch gehalten,
erzählte er mir,
aber ich war zu kurz
sie ham sie nicht gesehen;
standen zuviel große Kerle
um mich rum.

Meinst du das Lagerhaus mit der
langen grünen Zeltplane?
fragte ich.

Yeah. Also jedenfalls, vor'n paar
Tagen hab ich ne Tour erwischt,
Tomatenpflücken, aber Mann Gottes
ich habs einfach nicht geschafft
in dieser Bullenhitze einen Sack
nach dem anderen vollzumachen,
und da hab ich mich unter den
Lastwagen gelegt und Wein gesoffen.
Ich hab keinen roten Heller verdient.

Wie wärs mit'm Drink?, sagte ich.

Gern, sagte er.

2 enorme Weiber kamen rein
und ich meine ENORM
und sie setzten sich neben uns.

Shot of Red-Eye, sagte die eine
zum Barkeeper.
Das selbe, sagte die andere.

Sie zogen ihre Röcke hoch
und schwangen ihre Beine über
die Hocker.

Mmm, hmmm. Ich glaub ich werd verrückt,
sagte ich zu meinem Freund von der
Tomatenplantage.

Jeesas, sagte er, Jeesas-Maria, ich trau meinen
Augen nicht.

Is alles
echt, sagte ich.

Boxer, wa? fragte die
neben mir.

Nee, sagte ich.

Wo hast'n dann das Gesicht
her?

Autounfall aufm San Berdo
Freeway. 'n Besoffener der übern
Mittelstreifen raste. Der Besoffene
war ich.

Wie alt bist'n du eigentlich. Daddy?

Alt genug um dir'n Loch in die
Melone zu machen, sagte ich
und tat mir ne Portion Zigarren-
asche ins Bier damit es
nach was schmeckte.

Kannst du dir überhaupt ne Melone leisten?,
fragte sie.

Hat man dich schon mal quer durch die Mojave-
Wüste gejagt und dann vergewaltigt?

Nee, sagte sie.

Ich holte meinen letzten Zwanziger raus,
wie ein alter Herr der sich nochmal was

beweisen will,
und bestellte 4 Drinks.

Beide Girls lächelten und zogen sich
die Röcke noch ein Stück höher, was
eigentlich kaum noch ging.

Wer isn dein Freund?, wollten sie wissen.

Das ist Lord Chesterfield, sagte ich.

Sehr angenehm, sagten sie.

Tach, ihr Fotzen, sagte er.

Wir gingen durch den 3rd Street Tunnel
und landeten vor einem grünen Hotel. Die
Girls hatten einen Schlüssel.

Es gab nur ein Bett und wir stiegen alle
rein. Ich weiß nicht mehr, wer
wen gekriegt hat.

Am nächsten Morgen waren mein Freund und ich
unten auf dem Farm Labor Market
in der San Pedro Street
und wir hielten unsere Sozialversicherungs-
karten hoch und wedelten damit.

Seine wurde wieder
übersehen.

Ich war der letzte der mit rauskam. Eine Dicke
stand auf der Ladefläche neben mir. Sie roch nach
Portwein.

Honey, sagte sie, was isn mit deinem Gesicht
passiert?

Rummelplatz. 'n Tanzbär der
die Nase voll hatte.

Bullshit, sagte sie.

Möglich, sagte ich, aber laß meine Eier
wieder los und nimm deine Hand da raus.
Die kriegen schon alle Stielaugen.

Als wir auf die Felder kamen
brannte die Sonne schon ziemlich
runter und alles sah
beschissen aus.

John Dillinger & Le Chasseur Maudit

Es mag ein trauriges Zeichen sein, und bestimmt ist es
kein guter Stil, aber das ist mir egal: Girls erinnern mich
an Haare im Ausguß, Girls erinnern mich an Eingeweide und
Darmverschlingungen und pralle Blasen; und vielleicht ist es
auch traurig daß bimmelnde Eisverkäufer, Babies, Motorrad-
zylinder, Plagiostome, Palmen und Schritte im Flur
mich so kalt lassen wie das kalte Schweigen eines Grabsteins;
das einzig Beruhigende dürfte sein, daß es noch andere
verzweifelte Männer gegeben hat: Dillinger, Rimbaud,
Villon, Babyface Nelson, Seneca, Van Gogh;
oder Frauen: Ringkämpferinnen, Krankenschwestern,
Bedienungen, Nutten, Dichterinnen . . .immerhin,
kann sein, daß Eiswürfel aus der Schale brechen
etwas bedeuten kann,
oder eine Maus die an einer leeren Bierflasche schnuppert;
zwei leere Räume, die ineinander hineinsehen,
oder die nächtliche See, bestückt mit schmierigen Schiffen
die dir ins Hirn dringen mit ihren Lichtern,
diesen salzigen Lichtern
die dich streifen und wieder verlassen
für die konkretere Liebe irgendeines Indien;
oder lange Strecken am Steuer zurücklegen, ohne ein
bestimmtes Ziel, schläfrig und benommen, mit offenem Fenster,
der Fahrtwind zerrt an deinem Hemd und läßt es flattern wie
einen verängstigten Vogel;
und immer wieder die Ampeln, ständig auf Rot,
Feuer in der Nacht, Mißerfolge, Niederlagen . . .
Skorpione, Fetzen, Dinge die einem das Leben schwer machen:
verlorene Jobs, Frauen, Gesichter, Leben . . .
Beethoven in seinem Grab, tot wie eine Rübe,
rote Schubkarren, ja, vielleicht
oder ein Brief aus der Hölle mit Grüßen vom Teufel,
oder 2 gute Fighter, die sich gegenseitig die Knochen
kaputtschlagen in einem billigen Stadion
voll Zigarettenqualm und Geschrei;
aber meistens ist mir alles egal,
ich sitze hier, die Zähne verfaulen mir im Mund,
sitze hier und lese Herrick und Spenser und
Marvell und Hopkins und Brontë (Emily, heute);

und höre mir Dvořáks MITTAGSZAUBER an
oder LE CHASSEUR MAUDIT von Franck,
aber so leid mirs tut: es läßt mich kalt.
Seit neuestem kriege ich Briefe von einem jungen Dichter
(sehr jung, wie es scheint), in denen er mir ständig ver-
sichert, daß ich eines Tages ganz bestimmt als einer der
großen Dicher der Weltliteratur gelten werde. *Dichter!*
was für ein hochtrabendes Wort. Heute ging ich durch
die Hitze und die Straßen dieser Stadt: sah nichts,
lernte nichts, war nichts,
und auf dem Rückweg kam mir eine alte Frau entgegen,
sie lächelte, aber es war das schauderhafte Lächeln
einer Toten. Und überall, erinnere ich mich, waren Drähte:
Telefondrähte, elektrische Leitungen, Hochspannungsdrähte
an denen Gesichter hingen, die in der Falle saßen wie
Goldfische im Einmachglas
und lächelten; und es saßen keine Vögel auf den Drähten,
die Vögel interessierten sich nicht für
Drähte und elektrifiziertes Lächeln;
und ich machte die Tür hinter mir zu (endlich),
aber draußen blieb alles beim alten:
ein Auto hupte, jemand lachte, die Klosettspülung gurgelte,
und komisch: da
mußte ich an all die Pferde mit ihren Nummern denken,
die unter den Schreien der Menge vorbeigerauscht waren,
vorbei wie Sokrates, wie Lorca,
wie Chatterton ...
für mich hat die Vorstellung etwas Beruhigendes,
daß unser Tod nicht viel ausmachen wird –
bloß eine Frage der raschen Beseitigung,
kein größeres Problem als die Müllabfuhr;
und obwohl ich die Briefe des jungen Dichters
aufgehoben habe,
glaube ich ihnen nicht;
nur manchmal seh ich sie mir an,
wie die krebskranken Palmen
und das Sterben der Sonne.

Bemerkungen über das Pferd

Es war vor 10 Jahren im Hollywood Park –
ich hatte eine die mir das Bett warmhielt, 2 Autos,
ein Haus, und einen Hund
so groß wie ein besoffener Nero,
und ich schaffte was an
bei den Pferden; jedenfalls bildete ich mirs ein;
aber als das 7. Rennen kam, war ich runter bis auf
50 Dollar; ich setzte die 50 Dollar auf »Determine«
und dann wollte ich mir eine Tasse Kaffee holen,
hatte aber nur noch 10 Cents und Kaffee kostete 15.

Ich ging aufs Scheißhaus und wollte mich runterspülen.
Sie hatten mich geschafft. Alles was ich noch hatte
war ein Stück Papier in meiner Brieftasche; für 40 Dollar
wäre ich bereit gewesen, mich wieder davon zu trennen,
aber ich brachte es nicht fertig. Naja, ich ging raus
und sah mir das Rennen an und »Determine« siegte.

Ich kassierte meinen Gewinn, legte einen Zehner auf die
Seite und setzte den ganzen Rest auf »My Boy Bobby«.
»My Boy Bobby« machte das Rennen. Ich kassierte ab
und stellte mich in eine Ecke und sortierte die 50er und
20er und Zehner und Fünfer, und dann fuhr ich nach Hause;
ich machte ihr das Zeichen: Daumen nach oben, als ich
in die Einfahrt einbog, und als ich reinkam
warf ich das ganze Geld in die Luft.

Sie war eine außergewöhnlich schöne Hure, und die Augen
fielen ihr beinahe raus, als sie das sah, und der Hund kam
reingerannt und schnappte sich einen Zehner und rannte damit
in die Küche, und ich schenkte die Gläser voll, und sie
sagte »Hey, der Köter hat'n Zehner!« und ich sagte
»Ach was, soll er doch!« Wir kippten unsere Drinks.

Dann sagte ich »Hmm, ich denke ich werd ihm den Zehner
besser doch wegnehmen«, und ich ging rein und nahm ihm
den Schein weg, er war nur leicht angefressen, und in
der Nacht zeigte sie mir im Bett alle Tricks die sie drauf-

hatte, und später regnete es und wir hörten uns Carmen an und tranken und lachten die ganze Nacht.

Tage und Nächte wie die gibts einfach viel zu selten.

Der Augenblick der Wahrheit

Er beging Selbstmord in einer Absteige
im Elendsviertel von Detroit
und als man ihn fand war er schon steif.
Rattengift.
Ich war damals Manager von dem Laden,
leerte die Papierkörbe
und versuchte die Gelder einzutreiben.
Ich stand daneben und sah zu wie sie ihm eine Spritze
verpaßten, seine Augen standen weit offen, und einer
von ihnen fuhr ihm mit der Hand drüber und machte sie zu,
und dann begann die Spritze zu wirken –
er war im Sitzen gestorben, hockte steif auf seinem Stuhl –
und jetzt sackte er langsam zusammen.
Sie fanden ein paar Briefe von seiner Schwester
aus einer anderen Stadt, schmissen ihn auf die
Tragbahre und trugen ihn
die Treppe runter. Das Bettzeug war noch einigermaßen
sauber, deshalb schüttelte ich es einfach wieder zurecht,
räumte die Kommode aus, und als ich rauskam
standen all die Säufer auf dem Flur,
in Hosen und dreckigen Unterhemden, mit Bartstoppeln
und trockenen Zungen, und ich sagte: »All right, ihr
Affen, macht daß ihr hier verschwindet! Bei eurem Anblick
tun mir die Augen weh!«
»Da ist'n Mann gestorben, Sir. Er war'n Freund von uns«,
sagte einer. Es war Benny the Dip. »All right, Benny«,
sagte ich, »ich geb dir noch eine Nacht! Wenn du bis dann
nicht dein Zimmer bezahlt hast, fliegst du hier raus!«
Hättest mal sehen sollen, wie die abgezischt sind.
Mit dem Tod hält sich keiner auf, wenn er nicht weiß
wo er morgen pennen soll.

New Mexico

Ich hatte schon zu Anfang meiner Lesung einen
sitzen, und ich holte die Flasche raus und
genehmigte mir ab und zu einen Schluck. Ich las
eine Woche oder zwei nach der Kandel und ich sah nicht
annähernd so reizend aus
wie sie, aber ich kam über die Runden;
und dann landeten wir bei den Webbs, 6, 8, 10 von
uns, und ich trank Scotch, Wein, Bier, Tequila
und mein Auge fiel auf eine Hübsche die neben mir saß –
wenn sie lächelte, sah man daß ihr ein Zahn fehlte,
reizend, und ich legte meinen Arm um sie
und fing an, sie mit Bullshit vollzulabern.

Als ich um 10 Uhr am nächsten Morgen aufwachte
war ich in einem fremden Haus
und lag im Bett bei dieser
Frau. Sie schlief noch, aber sie kam mir
bekannt vor.

Ich stand auf, und da rannte ein Kind
in einem Laufstall rum, und ein zweites rannte
im Schlafanzug durch die Gegend. Ich hob einen
Brief auf, er war an eine gewisse »Betsy R.« gerichtet,
ich ging also wieder rein und sagte
»Hey, Betsy, in diesem Laden rennen überall
Kinder rum.«
»Oh, Hank, Scheiße, ich fühl mich kotzelend. Ich will
schlafen, nich reden.«
»Aber schau doch, die ...«
»Mach dir 'n
Kaffee.«

Ich setzte einen Pott Wasser auf und der kleine Junge
im Schlafanzug kam angerannt. Ich fand ein Hemd und
ein Paar Hosen und ein Paar Schuhe und
zog ihn an.
Dann spülte ich eine Flasche mit heißem Wasser aus,
tat Milch rein und gab sie dem Kleinen im
Laufstall. Er war richtig scharf
drauf.

Dann ging ich rein und drückte ihr
die Hand. »Ich muß los. Geht dirs
wieder besser?«
»Ja, mir is nur 'n bißchen schlecht. Aber bitte
mach dir keine Gedanken.«
Ich schnappte mir ein Taxi und fuhr wieder ans
andere Ende der Stadt zurück.

So ist es also Dylan Thomas
ergangen, dachte ich.
Wenn man nicht zuviel nachdachte, konnte man beinahe
stolz sein auf seine kleinen Eroberungen;
nur waren die Frauen besser als wir –
sie machten sich keine
falschen Hoffnungen,
während wir ihnen unsere Gedichte,
unseren Bullshit, unser
Sperma reinwürgten.
Wir waren kranke Dichter, kranke
Menschen.

Am anderen Ende der Stadt klopfte ich bei meinen
Gastgebern an die Tür.
»Was war denn los?«, fragten
sie.
»Nichts. Hab mich
verlaufen.«

Sie stellten ein Bier vor mich
hin und ich trank als sei ich ein
Mann von Welt,
einer der jede Nacht
und überall wo er hinkommt
einen Fick aufreißt.

»Hat jemand ne
Zigarette?«, fragte ich.

»Klar, hier . . .«

Ich steckte sie mir an und fragte,
»Mal wieder was von
Creeley gehört?«
wobei mir scheißegal war, ob sie von ihm
gehört hatten oder
nicht.

Officer's Club, A. P. O.

Hier ist eins für die Tellerwäscher in Germany:
junge Typen
die sich mit den Afros rumtreiben
und kaum genug verdienen um sich anständig
besaufen zu können –
Ihr habt den abgefuckten Charme
einer Armee
ohne Kanonen,
wie ihr da rumhängt,
halb durchgedreht,
auf der Kippe,
wie verpißte Ameisen
auf Treibsand.
Seht euch vor,
eines Tages wird es auch damit
vorbei sein:
eines Tages seid ihr berühmt,
oder Bankiers, oder
tot.
Aber heute ist es gut
an euch zu denken
in euren stinkenden Küchen,
im ranzigen Bratendunst,
in der Scheiße;
noch lebendig genug, um Jesus verkehrt rum
an den Füßen aufzuhängen,
eine Spritztour zu machen und einem
deutschen Stehgeiger zuzuhören
der einen Straußwalzer fiedelt,
oder einen Humpen grünes Bier
aus dem Autofenster zu schmeißen,
süchtig nach Knast oder Selbstmord oder Mythos
oder Mord – So einer
war ich auch mal,
so ein Mann
war ich
auch
mal.

Ein Unfall oder zwei

Ich las mal was von einer 44-jährigen Sängerin, ziemlich
berühmt sogar, die aus einem Fenster im 4. Stock fiel
und dabei draufging.
Well, ich schätze, für ne halbwegs berühmte Sängerin
mag das reichen, aber ich finde
8 Stockwerke irgendwie sicherer.
Ich kenne da diese Frau, eine Schwester von meiner Verflossenen, der ihr Mann ließ sich vor ein paar Jahren
von ihr scheiden
und sie sprang im 4. Stock aus dem Fenster
und brach sich beide Beine
und auch sonst noch so einiges.
Anscheinend war sie ein bißchen zäher
als jene Sängerin.
Jedenfalls, Helen kam drüber weg,
über die gebrochenen Beine und so,
und eines Tages tauchte sie hier bei mir auf,
in einem engen rosaroten Kleid, und
wir waren allein,
aber es spielte sich nichts ab,
ich hatte Bedenken,
und wir unterhielten uns nur.
Und jetzt ist sie doch tatsächlich verheiratet
mit einem der absolut widerwärtigsten toten Typen
die mir je begegnet sind ...
»Er spielt Flöte«, sagt meine Verflossene,
»sie kommen ganz gut miteinander aus ...«
Er kam mal vorbei und wollte mich besuchen
aber ich setzte ihn sofort vor die Tür:
er stank nach Tod
wie Terpentin on the rocks.
Ich hab ihr geraten, wenn diese Ehe auch wieder
schiefgeht, soll sie's diesmal
aus dem 12. Stock versuchen.
Ich hätte sie damals doch ficken sollen, als sie
in ihrem engen rosaroten Kleid ankam ...
dieser Typ mit seiner Flöte,
wahrscheinlich scheißt er sogar Flöten ...
und Helen ... mit all dem Geld von der Versicherung
hätte sie sich was Besseres leisten können.

Ein Millionär

»Sieh ihn dir an
diesen vergreisten Typ.«

»Mhm. Sieht ganz schön
mitgenommen aus.«

Er hatte die Bettdecke hochgezogen bis unters Kinn, die
Bomben fielen und das Haus
wackelte.

Er schaute zu uns rüber und griente.

»Ich hoffe bloß, daß ich nie so
alt werde.«

Ein Stück Wand kam runter und fiel auf sein
Bett.

»Er soll ein harter Knochen gewesen sein.
Es heißt, er war 'n paar Millionen wert.«

Die Sonne schien durch ein Loch in der
Wand, man sah Rauch und ein Stück
von einem Baum.

Mittlerweile hatte ich fast die ganze Wasserleitung
rausgerissen, auf der Suche nach irgendwas
Wertvollem, aber es war nichts mehr
da.

Jemand mußte schon vor uns
dagewesen sein.

»Komm wir gehn.«

Als wir auf dem Hügel oben waren
schlug hinter uns eine Granate ein,
genau an der Stelle, wo wir eben noch
gewesen waren.

Bretter und Balken flogen durch die Luft, und
er irgendwo da mittendrin,
und dann kam das Feuer –
blitzartig
rot
und vollkommen.

Wir verzogen uns in die Wälder und Harry
nahm einen Stein und versuchte ein Eichhörnchen
damit zu treffen, aber er
traf vorbei.

Wo brennt's denn, Gentlemen?

Der Service war schlecht
und der Hotelboy kam dauernd im falschen Moment
mit Handtüchern an.
Besoffen wie ich war, hab ich ihm schließlich
eins übern Schädel gegeben.
Er war ein kleines Bürschchen und er fiel
wie ein Blatt im Oktober,
echt bedient;
und als die Polente raufkam
hatte ich das Sofa an der Tür
und die Kette vor,
ließ den 2. Satz aus der Ersten Symphonie von Brahms laufen
und hatte meine Hand bis zur Hälfte im Arsch von einem Weib
das alt genug war um meine Großmutter zu sein;
und sie schlugen die Tür ein,
schoben das Sofa weg,
das Flittchen kreischte, ich langte ihr eine,
drehte mich um und fragte:
Wo brennt's denn, Gentlemen?
und so ein junger Kerl, der sich noch nie rasiert hatte,
schlug mir seinen Knüppel über den Kopf
und am nächsten Morgen lag ich im Krankenrevier vom Knast
an mein Bett gekettet
und es war heiß,
der Schweiß sickerte durch das weiße
sinnlose Leintuch,
und sie stellten mir allerhand blöde Fragen,
und ich wußte ich würde zu spät zur Arbeit kommen;
was mir irrsinniges Kopfzerbrechen bereitete.

Sieger

Sie war Lehrerin und sie hatte enge schwarze Hosen an
und sie saß am Kamin und redete davon
daß sie Kinder furchtbar interessant fände
und daß ihr die Arbeit mit den Kleinen richtig
Spaß machte;
ich hatte ne Sechser-Packung Bier mitgebracht
und als die alle war
ging Harry um die Ecke und holte ne neue,
die hielt auch nicht lange vor
und dann schickten wir *sie* weg
um Nachschub zu holen;
sie war 38, eine von Harry's Miezen,
und als Harry mal in der Küche war
lief sie mir übern Weg als ich gerade
nach dem Scheißhaus suchte
und ich hängte ihr mal kurz meine Zunge
in den Hals;
dann saßen wir wieder rum und redeten,
und dann sagte ich mir, daß es besser war
wenn ich Harry mit ihr allein ließ;
ich stand auf und ging
und als ich draußen den Wagen wendete
dachte ich,
da hockt sie jetzt bei Harry auf dem Schoß,
sie haben die 5. Symphonie von Schostakowitsch
aufgelegt, und ich bin aus dem Schneider;
sie hatten ihre Kleinen, und sie hatte Harry, und
Harry hatte sie, und ich hatte nichts damit
zu tun, hatte mir unnötigen Streit erspart,
unnötige Schwulitäten.
Und ich fühlte mich echt als Sieger
während ich den Pico Boulevard runter
fuhr, an der McDonald's Bude vorbei,
es war ein angenehmer ruhiger Abend,
alles stimmte, alles war unter Kontrolle;
und Harry mußte sich jetzt mit ihrem Arsch
rumplagen. Das einzige was ihn noch retten konnte, war
daß Kalifornien ins Meer
kippte. Und ich fuhr inzwischen weiter
in Richtung Hollywood.

Der Große mit dem Säbel

Paß auf, ich ging zum Friseur, es war schönes Wetter,
alles prima, bis sie mir dieses Ding da reinwürgten ...
ich meine, ich saß da und wartete bis ich drankam und
nahm mir ne Illustrierte – das übliche: Weiber mit raus-
hängenden Titten usw. und dann blätterte ich um und da
waren ein paar Fotos von Orientalen irgendwo im Freien,
und da stand dieser große Scheißtyp mit dem Säbel – unten
drunter hieß es, er hätte einen sehr guten Hieb, ne Menge
Kraft dahinter, und das Foto zeigte ihn wie er gerade mit
dem Säbel ausholte, und man sah einen Orientalen, der
kniete da mit geschlossenen Augen, dann – ZIP! – und er
kniete immer noch da, aber ohne Kopf, und man sah den
sauber durchgehackten Nacken, nicht mal Blut spritzte raus,
so blitzartig war die Trennung gekommen, und dann weitere
Fotos von Enthauptungen, und dann ein Foto wo all diese
Köpfe im Gras rumlagen, ohne Körper dran, und die Sonne
schien drauf, und die Köpfe sahen fast so aus als
würden sie noch leben, als hätten sie sich mit dem Tod noch
nicht abgefunden – und dann sagte der Friseur

Der Nächste!

und ich ging rüber zum Stuhl und mein Kopf saß noch drauf
und sein Kopf sagte zu meinem Kopf,
Wie möchten Sie's denn?
und ich sagte, Na so mittel ...

und er schien ein ganz netter vernünftiger Mensch zu sein
und es war irgendwie ein gutes Gefühl, mit netten ver-
nünftigen Menschen zusammen zu sein
und ich wollte ihn eigentlich fragen wegen dieser Köpfe
aber ich sagte mir, vielleicht geht ihm das an die Nieren
oder womöglich bringt es ihn auf dumme Gedanken
oder er sagt einfach etwas, was uns nicht weiterbringt.
Also sagte ich garnichts.

Ich hörte ihm zu, wie er mir die Haare schnitt
und er fing an von seinem Baby zu reden
und ich versuchte mich auf sein Baby zu konzentrieren,
es klang alles sehr vernünftig und logisch,

trotzdem mußte ich ständig an diese
Köpfe denken.

Als er mit dem Harrschneiden fertig war
drehte er mich rum, damit ich in den
Spiegel sehen konnte. Mein Kopf saß noch drauf.

Is gut, sagte ich zu ihm, und ich stand auf, zahlte und
gab ihm ein großzügiges Trinkgeld.

Ich ging raus und eine Frau kam vorbei und hatte ihren
Kopf drauf und die Leute die in Autos vorbeifuhren hatten
auch ihre Köpfe drauf.

Ich hätte mich lieber auf die Titten konzentrieren sollen,
dachte ich, ist doch viel besser, all das raushängende Zeug,
oder die großen Mösen, die magischen sagenhaften Beine, Sex
war schließlich doch ne feine Sache, aber der Tag war mir
versaut, auf jeden Fall würde ich erst mal eine Nacht
schlafen müssen, um die Köpfe wieder loszuwerden.
Ein Mensch
zu sein war eben ein hartes Brot: es passierten so viele
Sachen ...

Ich sah meinen Kopf in einer Schaufensterscheibe
ich sah das Spiegelbild
und mein Kopf hatte eine Zigarette vorne drin
mein Kopf sah müde aus und trist
er lächelte nicht mit seinem neuen
Haarschnitt.

Dann
verschwand er
und ich ging weiter
an Häusern vorüber, voller Möbel und Katzen und
Hunde und Leute
die auch nochmal davongekommen waren
und ich warf die Zigarette weg
sah sie brennen auf dem Asphalt
rot und weiß, eine dünne Rauchfahne dran,
und die Sonne schien
und das tat gut.

Das Ende von Seivers

Seivers war einer der schärfsten Verteidiger seit Jimmy Brown und hatte einen Hüftschwung wie ne Striptease-Tänzerin, ehrlich, bis er eines Tages von Basil Skronski auf die Hörner genommen wurde. Wir trugen Seivers vom Feld, aber Skronski hatte sich auch 1 oder 2 Rippen gebrochen.

Im nächsten Jahr war mit Seivers nicht viel los, nicht mal im Training; er hatte Schiß, wollte nicht recht ran, murkste rum, konnte keinen Ball halten, und machte keinen Meter gut; dabei lief er mal die 100 Meter in Zehn-Zwei.

Ich bin 45, nicht mehr in Form, zuviel Bier, aber einer der besten Trainer im Professional Football. Und wenn ich eins nicht ausstehen kann dann einen Typ der abbaut. Ich nahm mir Seivers im Umkleideraum vor. Die ganze Mannschaft stand dabei. »Seivers«, sagte ich, »du warst mal 'n Football-Spieler. Jetzt bist du nur noch 'n feiges Aas!«

»So kannst du mit mir nicht reden, Manny!« sagte er. Ich drehte ihn rum, er zog sich grad die Schlappen an, und setzte ihm einen rechten Haken unters Kinn. Er fiel gegen seinen Spind. Und dann fing er an zu heulen. Der Größte seit Brown, und da lag er vor seinem Spind, mit einem Schlappen an, und heulte.

»Los, Männer, raus in die nächste Runde!« sagte ich, und wir rannten raus, und als wir wieder reinkamen war er weg, sein Spind war leer. Wir holten uns einen neuen Verteidiger, einen Jungen aus Illinois, der nimmt den Kopf zwischen die Schultern, die Knie hoch, Augen zu und drauf – dem ist alles scheißegal.

Typen wie Seivers enden als Tellerwäscher für einen
Dollar die Stunde
und was besseres haben sie auch nicht verdient.

Tod am Nachmittag

Nach seinem Führerschein hieß er Harold Sain.
Sie fanden ihn, allein in seinen vier Wänden,
einen Salzstreuer in der Hand,
auf dem Tisch eine Pellkartoffel, eine Tasse Tee
mit einem ausgelaugten Teebeutel drin.
Und aus dem Radio kam noch immer
der riesige Sound
irgendeiner toten Symphonie.
Auf seiner Kommode lag ein Zettel:
»Ich trink meinen Tee und warte darauf
daß die Sonne aufgeht
oder mir jemand den Schädel einschlägt.«

Den Schädel hatte man ihm nicht eingeschlagen.
Sie fanden ihn auf den Fliesen des Badezimmers,
aufgeschlitzt, zerfetzt, mit raushängenden Därmen;
Knochen, Fleisch und blut-
verschmierte Emaille.

In seiner Bude sah es ziemlich trist aus:
unter dem Spültisch fanden sie Bier- und Wein-
flaschen, einen Haufen Orangenschalen,
alte Zeitungen,
und im Ausguß stanken Teller
im fauligen Wasser vor sich hin;
ein paar Ameisen krochen herum,
ein paar
Kakerlaken.

Sein Führerschein war abgelaufen, und seine Miete
war schon vor einer Woche fällig gewesen.

Als sie ihn rausschafften, als sie ihn vorne aus der Tür
trugen, war es 1 Uhr nachmittags, und die
Klatschweiber aus der Nachbarschaft standen rum
und glotzten und tratschten,
während unter dem Ausguß 2 Kakerlaken in den Clinch gingen
und fickten.

Eine Nummer zu groß

Also du behauptest, in New York wärst du mit Dylan Thomas
          zusammen in einer Kneipe gehockt;
du behauptest, du hättest acht 4-Runden-Kämpfe bestritten,
          in Kensington, N. J.
               und 5 davon gewonnen;
du behauptest, Sheri Martinelli schreibt dir Liebesbriefe;
          und ein Dichter willst du auch noch sein . . .
ist das richtig?
Und die Berge von zerknülltem Papier, und der Schatten
          auf deinem Hirn:
wäre es nicht einfacher, du kaufst dir einen Cadillac
oder hängst dich in der Dusche auf
aus Kummer über deine Wirtin, die nichts als Pisse
im Kopf hat und schwarze Tintenflecken
auf dem Hinterteil? Mein Gott,
ich stelle mir vor wie Hitler jetzt
in Argentinien eine schöne Hure abknutscht
und Tiger durchs Farnkraut laufen.
Kannst mich meinetwegen hassen
wenn du willst,
aber wenn ich in meinen Spiegel starre
setzt sich die Welt auf den Arsch
und meine Worte flutschen durch sie
durch.

Ein Tag im Leben des C. B.

Also ich hab geschlafen
und als ich aufwachte
saß eine Fliege auf meinem Ellbogen
und ich taufte sie »Benny«
und dann schlug ich sie tot;
dann stand ich auf und sah
in den Briefkasten
und da lag so ein Drohbrief von der Regierung
drin
aber da niemand mit aufgepflanztem Bajonett
hinter den Büschen stand
zerriß ich den Schrieb
und legte mich wieder ins Bett und starrte
an die Decke und dachte:
das macht richtig Spaß, ich werde einfach
noch zehn Minuten so rumliegen,
und ich lag noch zehn Minuten so rum
und dann sagte ich mir:
ich weiß nicht, eigentlich hab ich heute
ne Menge zu erledigen, aber
ich werd trotzdem noch ne halbe Stunde
dösen
und ich streckte mich und streckte mich
und sah zu wie die Sonnenstrahlen
durch die Bäume schienen, und es gingen mir
keine großen und schönen und unsterblichen
Gedanken durch den Kopf,
und das war das beste
daran.
Dann wurde es ein bißchen warm
und ich kickte die Bettdecke weg
und schlief wieder ein,
aber ein verdammter Traum kam mir
dazwischen: ich war wieder im Zug
auf diesem endlosen 5-Stunden-Roundtrip
zur Rennbahn,
ich saß am Fenster, sah auf den ewig gleichen
traurigen Ozean hinaus,

China war irgendwo da draußen, ein eigenartiger
Singsang in meinem Hinterkopf,
und dann setzte sich jemand neben mich
und fing an von *Pferden* zu reden,
die Worte fielen ihm aus dem Maul wie Mottenkugeln
ich zuckte jedesmal zusammen
und es roch nach Tod; und dann wars wieder
soweit: ich stand da, die Pferde rannten wie irgend-
was auf einer Leinwand, und die Jockeys waren
ganz weiß im Gesicht, und es war völlig egal, wer am
Ende siegte, und alle wußten es.
Die Rückfahrt im Traum war genau wie die Rück-
fahrt in der Realität:
dieselben Berge, die immer so aussahen
als könnten sie nichts dafür,
und schwarze Tonnen von Nacht
drum herum,
und immer wieder das Meer, und der Zug
wie ein Schwanz der sich durch ein Nadel-
öhr zwängt,
und ich mußte aufstehen und pissen
und ich haßte es, aufstehen und pissen zu müssen,
weil das Klo wieder mal verstopft war, irgendein
Verlierer hatte zuviel Papier reingeschmissen,
und als ich rauskam, hatten sie alle mal wieder
nichts besseres zu tun als mein Gesicht
anzustarren
und ich bin so mitgenommen
daß sie meinem Gesicht sofort ansehen
wie sehr ich sie
hasse
und dann hassen sie mich
und würden mich am liebsten killen,
tun es aber nicht.
Ich wachte auf, aber keiner beugte sich
über mich und sagte so geht's nicht,
also schlief ich noch ein bißchen weiter.
Als ich diesmal wach wurde
war es fast schon
Abend. Die Leute kamen von der Arbeit.
Ich stand auf, setzte mich ans Fenster und sah sie
mir an. Sie sahen nicht gut aus.

Sogar die Mädchen sahen nicht mehr so gut aus
wie vor 8 Stunden.
Und die Männer kamen an: Schlächter, Killer, Diebe, Ganoven,
die ganze Bande, und ihre Visagen waren schlimmer als
Karnevals-
fratzen.

In einer Ecke sah ich eine blaue Spinne. Ich nahm
den Besenstiel und schlug sie tot.

Ich sah mir die Leute noch eine Weile an, dann wurde es
langweilig und ich sah nicht mehr hin; ich schlug mir
ein paar Eier in die Pfanne, machte mir einen Tee und
aß ein Stück Brot dazu.

Ich fühlte mich gut.

Dann nahm ich ein Bad und ging wieder ins
Bett.

Gedicht für die Zukunft

Der Umweltschutz-Inspektor wird an die Tür klopfen
während sie mir grad mit ihrer toten Hand an den
Schwanz geht; ich werde daliegen wie ein Molch
dem man die Beine abgehackt hat und sie wird die ganze Zeit
ein dünnes Lächeln im Gesicht haben
wie ein Bulle der einem besoffenen Randalierer die
Handschellen anlegt.
Ich werde eine tote Frau im Bett haben, eine absolut
tote Frau, ich werde ihr um 7 Drinks voraus sein, mein
Schlips wird am Boden liegen, eine Kuckucksuhr wird
an der Wand hängen, und ich werde ihr in die Augen sehen,
Augen wie alte verschimmelte Pfirsichkerne, während sich
die Finger meines Mörders um meine verlogene Kehle
schließen.

Ich werde aus Zeitungspapier einen roten Fisch falten, einen
Plan für einen Raubüberfall, Fingerabdrücke auf einem
Gewehrkolben, und sie
wird sagen: Oh ich schwärme einfach für Vivaldi!

Ich werde zuhören wie ihr wächsernes Turbinenherz pumpt,
und wie sie sich den Speichel von den Lippen leckt.

Was für Tricks! Was für Unterbrechungen der Langeweile!

– deine Schlüpfer, meine Seele: auf beidem eine Spur
von Scheiße.

Später, wenn es Tag wird, werden Leute durch die Abgas-
wolken kriechen, ein zielloses Geschiebe, und ich werde
in mein Auto steigen und nach Süden fahren,
den Mund voll von Sonnenuntergängen,
Guillotinen, verkohlten Motten.
Reden von Hoover und Landon und Willkie, Tod.

Du wirst aufs Klo gehen, einen satten Schiß abziehen, die
rosaroten Wände anstarren und denken: Oh mein Gott,
Charles Bukowski hat mich gepimpert!

Und ich werde an der Ampel halten und denken: Well,
ich schätze sie wird mir noch mehr solche Haikus schicken
und ich werd mir einen abbrechen müssen, um was an ihnen zu
finden.

Die Ampel wird auf Grün umspringen, und ich werde
denken: Ich hasse
Haikus.

Arsch mit Ohren

Wenn ich hier so rumsitze und ab und zu mal
einer Spinne mit meiner Zigarre das
Lebenslicht ausblase
kann ich mir gar nicht vorstellen, daß die Weiber
die ihr heute pimpert noch so gut sind
wie es meine mal waren.
Ich machte es im offenen Kamin
auf der Feuerleiter
in Weizenfeldern
in Mutters Schlafzimmer (mit Mutter) (manchmal)
in frischen Granattrichtern vor Nantes und St. Etienne
aufm Waschbecken von einem Männerklo
in einem Zug durch Utah.
Ich machte es nüchtern
besoffen
kirre und normal.
Ich machte es wenn ich Lust hatte und wenn ich keine
hatte,
mit Weibern die doppelt so alt waren wie ich und
mit Weibern die nur halb so alt waren.
Ich habs mit Tieren gemacht, ich habs auch mal
mit'm Kilo Rindfleisch gemacht, oder mir einfach
mit der Hand einen runtergeholt.

Das einzige was hier jetzt noch steht
ist der Ständer von meiner Lampe. Schätze ich werd
demnächst 'n Banküberfall machen oder
einem Blinden eins in die Fresse schlagen
und keiner wird verstehen
warum.

Finish

Der Leichenwagen kommt durchs Zimmer
mit den Geköpften, den Verschollenen, den wahnsinnig
gewordenen Lebenden.
Die Schmeißfliegen sind klebrige Klumpen,
kriegen die Flügel nicht mehr
hoch.
Ich seh einer alten Frau zu
wie sie ihre Katze
mit einem Besenstiel
verdrischt.
Das Wetter ist nicht zum Aushalten,
ein hinterhältiger Trick
vom lieben Gott.
Das Wasser in der Kloschüssel
ist verdunstet,
das Telefon klingelt
kaum hörbar,
der kleine schlaffe Hammer zittert schwach
an der Glocke.
Ich sehe einen Jungen auf seinem
Fahrrad,
die Speichen knicken
die Räder werden zu Schlangen
und lösen sich auf.
Die Zeitung ist heiß wie eine
Herdplatte.
Männer morden einander in den Straßen
ohne recht zu wissen warum.
Die miesesten Männer haben die besten Jobs,
die besten Männer haben die miesesten Jobs oder sind
arbeitslos oder hocken im
Irrenhaus.
Meine Essensvorräte reichen noch für 4 Tage.
Exekutionskommandos in klimatisierten Uniformen
gehen von Haus zu Haus,
von Zimmer zu Zimmer,
verhaften die Menschen, erschießen sie,
oder stecken ihnen ein Bajonett rein.
Wir haben es so gewollt,

wir haben es nicht besser verdient.
Es ist als sei es die Sonne leid geworden
noch länger zu warten;
es ist als sei die Sonne ein Hirn
das uns abgeschrieben hat.
Ich gehe raus auf die hintere Veranda
und sehe hinaus auf das Meer von toten Pflanzen,
dornige abgestorbene Farne, zitternd unter einem
windstillen Himmel.
Irgendwie bin ich froh, daß wir damit fertig sind,
fertig
mit den Kunstwerken
den Kriegen
den abgeschlafften Liebesaffären
dem täglichen Trott unseres Lebens.
Wenn die Burschen hier raufkommen
ist es mir egal was sie mit uns machen,
wir haben uns längst selber gekillt,
jeden Morgen wenn wir aus dem Bett gestiegen sind.
Ich geh wieder rein in die Küche,
kippe mir ein bißchen Schmant aus einer
Plastikdose, fast schon fertig
gekocht,
und ich sitze da
und esse, starre meine
Fingernägel an,
der Schweiß läuft mir hinter den Ohren
runter, und ich höre die Schüsse
auf der Straße, und ich
kaue und warte
und mache mir keine Illusionen mehr.

Briefe, Dokumente

Los Angeles, Calif.
May 27, 1969

hello Carl:

good you liked the dirty stories – they were easy to write – mostly after the races, tired, hitting on can after can of beer and smoking cheap cigars, sitting here under this lamp – there was this sense of ACTION – I knew that *whatever* I wrote it would be on the streets in a couple of days – no waste, no time-lag – hit the bull's eys, BANG!, and on to the next. once a week, week after week . . . it was a good piece of ass thing. now compare it – I have written two long stories, one – THE LIFE, BIRTH AND DEATH OF AN UNDERGROUND NEWSPAPER – sent it to EVERGREEN – it has been two months – no answer. another story, THE NIGHT NOBODY BELIEVED I WAS ALLEN GINSBERG, has been resting with PLAY BOY for 6 weeks. there's just no *movement*. even if the stories go, it is not the same fast-paced type of vibration. yes, OPEN CITY folded, and there was a lot of shit involved for it all, and I wrote it in the EVERGREEN submission. Bryan phoned the other night, high, from Frisco, saying he wants to start another newspaper, this time sex, no politics, and so I might be back on the weekly column kick if he wasn't dreaming high. so, we'll see.

but, actually, the fact you want to translate the stories into the German is a high honor to me, no shit, it gives me the creeping chills to think of crawling back to the Fatherland like that – my own tongue, cut out – but you've got a good tongue, Carl, you speak for me, and gracious thanks for the miracle. The ESSEX HOUSE boys say, however you want to work it, Buk. so all's all right, only should it come off, they want a contract to sign, whatever it says. so I don't think that's too much bother.

yes, I finally got the promised $ 100 from the Norse, Michelene, Thomas, Bukowski, so forth reading. I'm not saying I earned the $ 100, it was too easy – they only wanted an hour's worth of tape, so I read 3 or 4 stories from NOTES. with APPLE I really worked out – 12 large reels of poetry. they say APPLE's dead but the Beatles deny it and APPLE denies it but everybody writes me APPLE's dead, but that bitch who sat on my lap frum ze Apple, she didn't look ready for the grave at all.

another wench over the other night – I told her I couldn't be involved. that's old age, Carl; besides, it's true, wenches are always finally misery. which reminds me of Berge. the grapevine is that you shacked with her; well, that's all right – maybe she was good on the springs. I think it was four poems she sent, not six, and they were bad, very slick and dry and limp and zero, said NOTHING – it was like milk spilled across a dirty kitchen floor. I wrote her back saying we couldn't use the poems and she came back with a bunch of shit. your name got in there along with a lot of other names. I have never met the woman but I'll be shes definetly a mental case which she tries to work off on the crowd as Artistic flair. bullshit. I've met too many of these. anyhow, at the time, I hadn't heard from you, you were traveling, poor bastard, with the word »BUKOWSKI« tatooted on your belly, and so I layed a little into you too. the *same* day we got the stuff back from the printer, here came your letters (or mine, or ours.) I tried to correct the error by inking in the last line – as you'll see. hope it doesn't miff you. doubt it will. we wouldn't have run her fucking letter – I returned it to her with my answer on the bottom and it was mailed back, supposedly unopened in another envelope. we had no choice but to run it. it's no witch-hunt, but there are too many of these and if somebody doesn't throw a rock now and then they will eat us up.

as to the mag itself, I chose the contents but turned it over to Neeli whose mother typed it up – with error in my poem – but I didn't like my poems anyhow – Neeli insisted I rap out a couple – no excuse, I just wasn't ready. anyhow, when the pages came back Neeli had worked in his whole family with the artwork and all the poems were signed with these phoney signatures and had all these phoney cute lines and titles – but it was too late – I said let it go. so I think there are some good poems but there is all this distracting henshit laying about them.

just heard from Martin on the phone – Blazek got 3 grand for his mag from the Coordinating Council of Little Mags . . . about ten of them got grants. he says. says Martin. how much did you get, Carl? Martin says none of the good mags get anything. which means you got nothing. what is it, Carl? just one big ass-suck. all this poet-in-residence. all these grants. I suppose if I got one, though, I'd say it was all right. then there's Levertov who gets a yearly grant from the National Foundation of the Arts, has used up a year's grant, demands her next year's grant in advance. it wouldn't be so sickening, but these people just aren't that *good*, Carl. I mean with the word, putting it down, and maybe in a lot of other ways. me, they're still trying to fire me from the postoffice, trying to knock me all the way down to skidrow. I may just quit.

anyway, the German translation thing is a big buildup – a man likes to have a little hope; I don't ask too much, just a little hope. to keep me dancing in the meatgrinder.

hello to your doll, oh, by the way, I'm not going to ask you for anymore letters back – you came through once and that's enough – so you can throw these away or paste them up in the crapper.

keep hold and damn the motherhopping crowd,

Los Angeles, Calif.
27. Mai 1969

hallo Carl:

gut daß dir die dirty stories gefallen haben – sie waren leicht zu schreiben – meistens wenn ich abgeschlafft vom Pferderennen kam, eine Dose Bier nach der anderen kippte und billige Zigarren qualmte, hier unter dieser Lampe – da gab es dieses Gefühl von ACTION – ich wußte: egal was ich schreibe, innerhalb von ein paar Tagen kommts unter die Leute – keine Arbeit umsonst, kein langes Warten – einmal in die Tasten gelangt, ein Volltreffer, BÄNG! und weiter zum nächsten. Einmal die Woche, und Woche für Woche ... es war wie ne gute Nummer im Bett. Und jetzt zum Vergleich: ich habe zwei lange Stories geschrieben; die eine – GEBURT, LEBEN UND TOD EINER UNDERGROUNDZEITUNG – habe ich an EVERGREEN geschickt – das ist jetzt zwei Monate her – keine Antwort. Die andere Story – DIE NACHT ALS MIR KEINER GLAUBTE DASS ICH ALLEN GINSBERG BIN – liegt seit 6 Wochen bei PLAYBOY. Da tut sich einfach nichts. Selbst wenn sie die Stories nehmen, es ist eben nicht das gleiche als wenns flutscht. Ja, OPEN CITY ist eingegangen, und es gab ne Menge Scheiße drum herum; steht alles in meinem Beitrag für EVERGREEN. Bryan rief mich neulich abends an, high, aus Frisco, sagt daß er ne neue Zeitung anfangen will, diesmal nur Sex, keine Politik, kann also sein daß ich wieder eine wöchentliche Kolumne mache, falls er nicht so high war daß er geträumt hat. Na, wir werden sehen.

Aber wirklich, daß du die Stories ins Deutsche übersetzen willst ist eine große Ehre für mich, ganz ehrlich, mir läufts kalt den Buckel runter wenn ich dran denke, daß ich auf die Tour wieder im Vaterland angekrochen komme – in meiner ersten Sprache, die man mir abgewürgt hat – aber du hast ein gutes Mundwerk, Carl, du wirst für mich sprechen, und wärmsten Dank für das Mirakel. Die Boys von ESSEX HOUSE sagen: machs wie du es für richtig hältst, Buk. Also alles klar. Nur, falls es klappt, wollen sie einen Vertrag, egal was drinsteht. Ich denke, das wird sich ohne große Umstände machen lassen.

Ja, die versprochenen 100 Dollar für die Norse/Michelene/Thomas/Bukowski/usw. Plattenaufnahme hab ich schließlich gekriegt. Ich sage nicht, daß ich mir die 100 Dollar sauer verdient habe, dazu war es zu einfach – sie wollten nur ein 60-Minuten-Band, also habe ich eben 3 oder 4 Stories aus NOTES gelesen. Für APPLE hab ich mir echt einen abgebrochen – 12 große Tonbänder voll. Gedichte. Es heißt, APPLE sei gestorben, aber die Beatles bestreiten es und APPLE bestreitet es; trotzdem schreiben alle, APPLE sei gestorben; aber das Flittchen von APPLE, das bei mir auf dem Schoß saß, die sah gar nicht so aus als sei sie schon reif für den Friedhof.

Neulich abends kam noch so ein Weib hier an – ich hab ihr gesagt, es läuft nichts. Das ist das Alter, Carl; außerdem, es stimmt schon: Weiber bringen einen am Ende immer auf den Hund. In dem Zusammenhang fällt mir die Bergé ein: nach dem was ich so hintenrum höre sollst du mit ihr ins Bett gestiegen sein; naja, das ist in Ordnung – vielleicht war sie ganz gut auf der Matratze. Ich glaube, es waren vier Gedichte, nicht sechs, die sie geschickt hat, und die waren schlecht; sehr geleckt und trocken und lapprig und zero, NICHTSSAGEND – wie eine Milchlache auf einem dreckigen Küchenboden. Ich habe ihr geschrieben, wir könnten die Gedichte nicht brauchen, und sie hat mit einem Haufen Scheiß darauf reagiert. Dein Name geriet da rein, zusammen mit anderen Namen. Ich habe die Frau nie getroffen, aber ich mache jede Wette, daß sie einen Dachschaden hat, den sie den Leuten als künstlerisches Flair andrehen will. Bullshit. Von der Sorte kenne ich mehr als genug. Jedenfalls, zu dem Zeitpunkt hatte ich noch nicht von dir gehört, du warst unterwegs, arme Sau, mit dem Brandzeichen »BUKOWSKI« auf deinem Bauch, und da habe ich eben auch auf dir ein bißchen rumgehackt. Am selben Tag als wir vom Drukker die Korrekturfahnen kriegten, da kamen dann deine Briefe (bzw. meine, bzw. unsere). Ich habe versucht, den Fehler wieder gutzumachen, indem ich mit der Hand noch eine Zeile unten reinschrieb – wie du sehen wirst. Hoffentlich bist du nicht sauer. Aber ich glaubs nicht. Wir hätten ihren Scheiß-Brief nicht gedruckt – ich hab meine Antwort unten draufgeschrieben und ihn an sie zurückgeschickt; aber er kam wieder zurück, anscheinend ungeöffnet, in einem zweiten Umschlag. Wir hatten keine andere Wahl als ihn abzudrucken. Es ist keine Hexenjagd, aber es gibt zuviele von der Sorte, und wenn man ihnen nicht ab und zu was in die Fresse schmeißt, fressen sie uns noch auf.

Was das Magazin selber angeht, ich habe die Beiträge zusammengestellt, habe es dann aber Neeli gegeben, und dem seine Mutter hat es getippt – mit Tippfehlern in meinen Gedichten – aber ich fand meine Gedichte sowieso nicht gut. Neeli hat darauf bestanden, daß ich ein paar runterhacke. Soll keine Entschuldigung sein, ich war einfach nicht in Stimmung. Jedenfalls, als mir Neeli das Zeug dann wieder brachte, hatte sich seine ganze Familie daran verkünstelt, und die Gedichte waren alle signiert mit so blöden nachgemachten Namenszügen, die Titel in so einer pingeligen Schönschrift geschrieben, und überall solche zickigen Linien – aber da war es zu spät – ich sagte, lassen wirs eben so. Also ich finde, es sind ein paar gute Gedichte drin, aber diese popelige Hühnerscheiße drum herum lenkt ein bißchen davon ab.

Gerade eben hat Martin angerufen – Blazek hat für seine Zeitschrift 3 Tausender gekriegt, vom Coordinating Council of Little Mags ... ungefähr zehn haben Zuschüsse gekriegt, sagt er (Martin). Wieviel hast du gekriegt, Carl? Martin sagt, von den guten Zeitschriften hat keine was gekriegt. Das bedeutet, du hast nichts gekriegt. Was ist das, Carl? Eine einzige große Arschfickerei. All diese Universitätspfründen für Lyriker. All diese Stipendien. Naja, wenn ich selber was kriegte, würde ichs wahrscheinlich gut finden. Aber dann haben wir da die Levertov, die kriegt ein jährliches Stipendium von der National Foundation of the Arts, hat ihr Geld für dieses Jahr bereits aufgebraucht und verlangt die Moneten fürs nächste Jahr im voraus. Das wäre alles halb so schlimm, aber diese Leute sind einfach nicht so gut, Carl. Ich meine im Umgang mit dem Wort, und vielleicht noch in mancher anderen Beziehung. Mich versucht man nach wie vor aus dem Postamt zu feuern, sie wollen mich unbedingt wieder zurück in die Gosse prügeln. Vielleicht werd ich einfach kündigen.

Jedenfalls, das mit der deutschen Übersetzung ist sehr ermutigend – der Mensch kommt ohne ein bißchen Hoffnung nicht aus; ich verlange nicht zuviel, nur ein bißchen Hoffnung. Damit ich im Fleischwolf noch ne Weile tanzen kann.

Sag deiner Puppe einen Gruß. Oh und übrigens, ich werde nicht nochmal damit ankommen, daß du meine Briefe wieder rausrücken sollst, damit ich sie verkloppen kann – du bist einmal damit rumgekommen und das reicht – also den hier und die folgenden kannst du wegschmeißen oder dir aufs Scheißhaus hängen.

Bleib dran, und der Teufel soll sie holen,
die Bande von Motherfuckern.
BUK

it was a hell of a night. Willie had slept in the weeds outside Bakersfield the night before. Dutch was there, and a buddy. the beer was on me. I made sandwiches. Dutch kept talking about literature, poetry; I tried to get him off it but he layed right in there. Dutch runs a bookshop around Pasadena or Glendale or somewhere. then talk about the riots came up. they asked me what I thought about the riots and I told them that I was waiting, that the thoughts would have to come by themselves. it was nice to be able to wait. Willie picked up one of my cigars, took the paper off, lit it.

somebody said, »how come you're writing a column? you used to laugh at Lipton for writing a column, now you're doing the same thing.«

»Lipton writes a kind of left-wing Walter Winchell thing. I create Art. there's a difference.«

»hey, man, you got any more of these green onions?« asked Willie.

I went into the kitchen for more green onions and beer. Willie was one right out of the book – a book that hadn't been written yet. he was a mass of hair, head and beard, bluejeans with patches. one week he was in Frisco. 2 weeks later he was in Albuquerque. then, somewhere else, he carried with him, everywhere, this batch of poems he had accepted for his magazine, whether the crazy magazine ever evolved or not was anybody's guess. Willie the Wire, slim, bouncy, immortal. he wrote very well. even when he put the knock on somebody it was a kind of without hatred knock, he just laid the statement down, then it was yours. a graceful carelessness.

I cracked some new beers. Dutch was still on literature, he had just published »18th Dynasty Egyptian Automobile Turnon« by D. R. Wagner. and a nice job too. Dutch's young buddy just listened – he was the new breed: quiet but very much there.

Willie worked on an onion. »I talked to Neal Cassady. he's gone completely crazy.«

»Yeah, he's begging for busts. it's stupid. buildling a forced myth. being in Kerouac's book screwed up his mind.«

»man,« I said, »there's nothing like a bit of dirty literary gossip, is there?«

»sure,« said Dutch, »let's talk shop, everybody talks shop.«

»well, the latest shit is that nobody has seen Kenneth Patchen in years. Ferlinghetti went down there and rang but all the shades were down and nobody answered, when you write Patchen his wife answers. so the skam is, the shit is that some say Patchen is insane, others say he is dead. it's dirty little gossip game and I don't like it. but the literary soulsuckers like it. they claim that Patchen's wife has learned how to paint the Patchen paintings and has learned how to sign his name to them. meanwhile. I hear that Patchen was given a $ 10000 award by the National Foundation on the Arts and the Humanities, someday we'll know the Patchen story and the muckrakers will be quieted. right now. it appears that if he is alive he has stopped writing poetry.«

»listen, Bukowski, do you think that there's any poetry being written now? by anybody? Lowell made time, you know.«

»almost all the great names have died recently – Frost, Cummings, Jeffers, W. C. Williams, T. S. Eliot, the rest. a couple of nights ago, Sandburg. in a very short period, they all seemed to die together, throw in Vietnam and the ever-riots and it has been a very strange and quick and festering and new age. look at those skirts now, almost up around the ass. we are moving very quickly and I like it, it is not bad. but the Establishment is worried about its culture. culture is a steadier. there's nothing as good as a museum, a Verdi opera or a stiff-neck poet to hold back progress. Lowell was rushed into the breach, after a careful check of credentials. Lowell is interesting enough not to put you to sleep but diffusse enough so as not to be dangerous. the first thoughts you have after reading his work is, this baby has never missed a meal or even had a flat tire or a toothache. Creeley is a near similarity, and I imagine the Establishment balanced Creeley and Lowell for some time but had to finally come up with Lowell because Creeley in his little walking shorts and Black Mountain snobbery just didn't seem like such a very good dull guy, and even though he was duller than Lowell, you couldn't trust him as much – he might even show up at the president's lawn party and tickle the guests with his beard. so, it had to be Lowell, and so it's Lowell we've got.«

»so who's writing it? where are they?«

»not in America. and there are only 2 that I can think of, Harold Norse who is nursing his melancholiahypochondria in Switzerland, taking handouts from rich backers, and having the running shits, fainting spells. the fear of ants, so forth. and writing very little now, kind of going crazy like the rest of us. but then WHEN he writes, it's all there. the other guy is Al Purdy. not Al Purdy the novelist, I mean Al Purdy the poet. they are not the same people. Al Purdy lives in Canada and grows his own grapes which he squeezes into his own wine. he is a drunk, an old hulk of a man who must now be somewhere in his. mid-forties. his wife supports him so he can write his poetry, which, you've got to admit, is some wonderful kind of wife. I've never met one like that or have you. but, anyhow, the Canadian government is always laying some kind of grant on him, $ 4000 here und there, and they send him up to the Pole to write about life there, and he does it, crazy clear poems about birds and people and dogs. god damn, he wrote a book of poems once called »Songs for All the Annettes« and I almost cried all the way through the book reading it. it's nice to look up sometimes, it's nice to have heroes, it's nice to have somebody else carrying some of the load.«

»don't you think you write as well as they?«

»only at times, most of the time, no.«

the beer ran out and I had to take a shit. I gave Willie a five and told him it'd be good if he got 2 six packs, tall, Schlitz (this is an advertisement). and all 3 of them left and I went in and sat down, it wasn't bad to be more or less asked questions of the age. it was better yet to be doing what I was doing. I thought about the hospitals, the racetracks, some of the women I used to know, some of the women I had buried, outdrunk, outfucked but not outargued, the alcoholic madwomen who had brought love to me especially and in their own way. then I heard it through the wall:

»listen, Johnny, you ain't even kissed me in a week, what's wrong, Johnny? listen, talk to me, I want you to talk to me.«

»god damn you, get away from me, I don't want to talk to you. LEAVE ME ALONE, WILL YOU? GOD DAMN YOU, LEAVE ME ALONE!«

»listen, Johnny, I just want you to talk to me, I can't stand it. you don't have to touch me, just talk to me, jesus christ Johnny I can't stand it, I CAN'T STAND IT, JESUS!«

»GOD DAMN IT, I TOLD YOU TO LEAVE ME ALONE! LEAVE ME ALONE, GOD DAMN YOU, LEAVE ME ALONE, LEAVE ME ALONE, LEAVE ME ALONE, WILL YOU?«

»Johnny ...«

he hit her a good one. open hand. a real good one. I almost fell off the stool. I heard her choking off the crap and walking off.

then Dutch and Willie and crew were back. they ripped open the cans. I finished my business and walked back in.

»I'm gonna get up an anthology,« said Dutch, »an anthology of the best living poets, I mean the real best.«

»sure,« said Willie, »why not?« then he saw me: »enjoy your crap?«

»not too much.«

»no?«

»no.«

»you need more ruffage, you ought to eat more green onions.«

»You think so?«

»yeah.«

I reached over and got 2 of them, jammed them down, maybe next time would be better. meanwhile there were riots, beer, talk, literature, and the lovely young ladies were making the fat millionaires happy. I reached over, got one of my own cigars, took off the paper, took off the cigar band, jammed the thing into my screwed-up and complex face, then lit it. the cigar. bad writing's like bad women: there's just not much you can do about it.

los angeles, calif. it's Friday, I don't have a clown's calander, but I think it's August First, 1969, HOT HOT, and good old cheap Sear's Roebuck fan turned on my ass; well, not exactly, I sit in my shorts, aging, drinking beer, the windows open, and they look at me, 6 p. m., coming in from their little jobs ... they have been drowned and shitted upon. well, they belong to my club ...

hello carl:

good to hear; I'd thought maybe the literary thumpers and back-scratchers had gotten to you and told you I was a pile of dog turds. but you are the quiet type; it didn't fit in my mind. I remember you behind those dark shades, just smiling evenly, that slight smile there all along. I read pretty good and I don't believe in poking into souls, but I thought, »if Carl has turned, it is very strange. because usually it is the *constant* talkers, the OPEN-HEARTS, that will leap from boat to boat when the waters seem to change.« so good to hear – it keeps my score at 100 percent. hey, wait, can't get a fucking thing on the radio but this dribble-water music. they're playing Gershwin at the Bowl tomorrow night so tonight everybody thinks they have to play Gershwin ...

» ... incoming warheads, high above the atmosphere ...« somebody tells me. well, that's dull. I end up with something like Water Music by Händel. and the women walk into their precious apartments across the street in their sweaty panties. none of them are ugly enough for me or beautiful enough either. just wisps, slits, drab talking-machines. I am afraid that my time with the female is done, and there isn't any sadness. I've had enough sex experiences to write 400 more stories about sex experiences. like the NEW YORK REVIEW OF SEX sent me a 25 buck check about the time I stuck my head down there and saw the STRANGEST panties I ever did see ... plus other things. they want to see more. well, I am full of bullshit, and years. and as the little money comes in from the writing, here and there, I simply give myself more leisure time, drink more, lay around, stare at the ceiling, walk over to the typer when it calls. my boss says, »Bukowski, where have you been?« me, sitting there with a hangover and a new idea for a story. »fuck it,« I tell him. »I don't have any excuses. fire me!« he just shakes his head and walks away. he thinks that I am crazy.

just uncapped another bottle of beer with my short top. my landlord gives me TWO garbage cans while the others get one. the beerbottles. I am the true Hun, Carl. but even if I were mostly Pollock, it wouldn't matter. I don't know how it works.

on ABSENCE OF THE HERO, good it went, it started as a very long matter but each time I read it I saw another line or another paragraph that didn't belong. I don't have a copy of the thing around so no longer know what I wrote. but, *as* I was writing the thing I had this idea that I was processing something down to where it BELONGED. it gets very slippery sometimes, and there you go over the EDGE, but I finally chopped it down to where I wanted it, and I knew I had what I wanted but I had to worry about *you* – there was a chance you might think that I was just throwing cold gravy out the window. it was not so. I fought the fucking thing all the way through like an octopus with an embracing pussy. so, I'm happy you picked up on the vibe strings. it's paranoia-reality; first one is one, the other the other; then they mix; everything becomes the same. when EVERGREEN # 70 comes out – at least the proofs read # 70 – my job is over at the post office. I exposed all their little interrogations in dark rooms under their human-skin lamps (America, the beautiful!) about how they didn't care for the type of thing that I wrote while drawing their bloody and sweaty paychecks. of course, other things in there too. it runs quite long and is mostly comedy, like dying. I'll ship you a copy. you say so.

PLAYBOY just keeps sitting on that thing I wrote called THE NIGHT NOBODY BELIEVED I WAS ALLEN GINSBERG. I will wait two more months, then write and ask then if I got mixed in the kotex supplies. meanwhile, have written two more – one called THE FIEND and the other called THE COPULATING MERMAID OF VENICE, CALIFORNIA. so it could be that I am going crazy.

I haven't eaten in 3 or 4 days, but that's nothing new with me. I still weigh around 220. was once down to 133. it's really much better to be light – for fucking, bumming, swimming, almost anything else. I guess the only edge a heavy man has is shitting – man, there 's nothing like a heavy pooping fat stinking beershit, your checks spread all over the silly bowl; looking down at your toes, cutting it loose! glory! then to get up and ADMIRE YOUR OWN TURDS! AH, SO MANY OF THEM! WHAT A GREAT MAN I MUST REALLY BE TO BE SO FULL OF SHIT!?!

strange thing – 3 critical studies of me arrived in the mail in about two days. one a long book, another an article in a sex mag, another some burblings about me in a thing called A BUKOWSKI SAMPLER. really, the worst one was the one by the prof, the long book – he just went on winding – cut the spool of literary criticism as he had been taught to do. and to make it more cajoling complete – he called the worst poems the best ones, the best ones the worst, and very bothered with the term »surrealism«, I guess something they really jammed into his anus in college. the one in the sex mag was really the best; I got drunk with the guy all night one night so he had something to talk about that I told him instead of something, he imagined through reading my crap. after getting a p. h. d. you know? well, the SAMPLER thing was all mixed-up. they meant well but, basically, they were too young and not enough had happened to them. I don't mean that you have to be OLD to write, but l do mean that if you *are* OLD and can still write and have sailed some bloody ships, you've got a little edge.

all right, Carl, I'm getting a bit high, 8th. bottle of beer, a just-right time but want to re-work that COPULATING MERMAID story a bit. when I say re-work I don't mean re-write, I mean I simply-eliminate sentences, paragraphs, pages. it's like a good shit.

> beware women with large breasts and hardly
> anything else; and before you marry the daughter,
> fuck the mother . . .

Los Angeles, Calif. Es ist Freitag, ich habe keinen Kalender aber ich glaube wir haben den 1. August 1969, HEISS HEISS, und der gute alte billige Sear's Roebuck Ventilator fächelt mir den Arsch; naja, nicht direkt,ich sitze in Unterhosen da, werde immer älter, trinke Bier, das Fenster ist offen, und sie schauen zu mir rein, 6 Uhr abends, auf dem Heimweg von ihren mickrigen Jobs ... man hat sie ersäuft und auf sie geschissen. Naja, sie gehören zu meinem Club ...

hallo Carl:

gut von dir zu hören; ich dachte schon, die literarischen Eierdiebe und Arschlecker hätten dich rumgekriegt und davon überzeugt, daß ich ein Haufen Hundescheiße bin. Aber du bist ein schweigsamer Mensch, das habe ich dabei nicht bedacht. Ich seh dich noch hier sitzen, Sonnenbrille auf der Nase, und so ein gelassenes Grinsen im Gesicht, immer dieses sachte Grinsen. Ich weiß in der Regel wen ich vor mir habe, auch ohne daß ich seiner Seele auf den Zahn fühle; aber trotzdem kam mir der Gedanke: »Sollte Carl link gelaufen sein, wäre das doch sehr merkwürdig. Normalerweise sind es nämlich die redseligen Typen, die OFFENHERZIGEN, die von einem Boot ins andere umsteigen, sobald sich die Strömung ändert.« Also gut von dir zu hören – damit steht meine Erfolgsquote weiter auf 100 Prozent. Hey, warte mal, ich kriege mit diesem beschissenen Radio nichts rein außer dieser seichten Tröpfelmusik. In der Hollywood Bowl wird morgen abend Gershwin gespielt, da denkt heute jeder er muß Gershwin auflegen ...

Jetzt erzählt mir einer, es seien »Atomraketen im Anflug, hoch über der Atmosphäre ...« Naja, das ist langweilig. Schließlich gebe ich mich zufrieden mit sowas wie der Wassermusik von Händel. Und die Weiber mit ihren verschwitzten Schlüpfern latschen in ihre kostbaren Apartments auf der anderen Straßenseite. Keine von ihnen ist häßlich genug für meinen Geschmack, oder schön genug. Lauter halbe Portionen, enge Löcher, graue Tonbandmaschinen. Ich fürchte, meine Zeit mit Weibern ist gelaufen; und ich bedaure es nicht im geringsten. Ich habe genug Sexerlebnisse gehabt, um weitere 400 Stories über Sexerlebnisse zu schreiben. Zum Beispiel hat mir die NEW YORK REVIEW OF SEX einen Scheck über 25 Dollar geschickt für eine Story wie ich mal bei einer den Kopf untern Rock steckte und die MERKWÜRDIGSTEN Schlüpfer erblickte die mir je unter die Augen gekommen sind ... plus andere Sachen. Sie wollen mehr davon sehen. Naja, ich hab zuviel Bullshit auf Lager, und zuviele Jahre auf dem Buckel. Und während die Schreiberei hier und da ein bißchen Kleingeld einbringt, leiste ich mir einfach mehr Zeit zum Faulenzen, trinke mehr, liege rum, starre an die Decke, und gehe rüber an die Schreibmaschine wenn was anliegt. Mein Boss sagt, »Bukowski, wo haben Sie gesteckt?« Ich sitze da, verkatert, und brüte eine neue Story aus. »Fuck it«, sag ich zu ihm. »Ich hab keine Entschuldigung. Schmeiß mich doch raus!« Er schüttelt bloß den Kopf und geht weiter. Er hält mich für verrückt.

Habe gerade eine neue Flasche Bier aufgemacht, mit meinem Dolch. Der Vermieter hier gibt mir ZWEI Mülltonnen, die anderen kriegen nur eine. Die vielen Bierflaschen. Ich bin eben ein echter Hunne, Carl. Aber selbst wenn ich ein Polacke wäre, es würde nichts ändern. Ich steig da nicht durch.

Was ABSENCE OF THE HERO angeht, gut daß dir die Story in den Kram paßt; zuerst war es eine ziemlich lange Sache, aber beim Durchlesen fiel mir dann immer wieder eine Zeile oder ein Absatz auf, die nicht reingehörten. Ich habe keinen Durchschlag von dem Ding hier, weiß also nicht mehr was ich geschrieben habe. Jedenfalls, während dem Schreiben hatte ich das Gefühl, daß ich etwas in die Ecke kriegte wo es HINGEHÖRT. Manchmal rutscht es einem weg, und man segelt damit über die KLIPPEN, aber schließlich habe ich es so zurechtgestutzt wie ich es wollte, und ich wußte daß ich es da hatte wo ich es haben wollte; nur war dann noch die Sorge, was du davon halten würdest – es hätte ja sein können, daß du den Eindruck hast, ich schmeiße bloß kalte Soße aus dem Fenster; war aber nicht so. Ich habe das verdammte Ding zu bändigen versucht wie einen Tiefseekraken mit einer gefräßigen Möse. Freue mich also, daß du auf diese Vibrations angesprochen hast. Es ist Paranoia-Realität; erst ist das eine noch sauber vom anderen getrennt, dann geht es ineinander über, und dann erkennt man keinen Unterschied mehr. Wenn EVERGREEN Nr. 70 herauskommt (auf den Korrekturfahnen steht jedenfalls Nr. 70), bin ich meinen Job im Postamt los. Ich habe alles verraten, all ihre kleinen Verhöre, in verdunkelten Zimmern, unter ihren Lampenschirmen aus Menschenhaut (America, the beautiful!); und daß sie was dagegen hatten, daß ich solche Sachen schrieb, während ich für ihren blutigen Wochenlohn geschwitzt habe. Natürlich stehen auch noch andere Sachen drin. Es ist ne ziemlich lange Latte und größtenteils ganz witzig, wie das Sterben. Ich werde dir ein Exemplar schicken, wenn du willst.

PLAYBOY sitzt immer noch auf diesem Ding, das ich geschrieben habe, DIE NACHT ALS MIR KEINER GLAUBTE DASS ICH ALLEN GINSBERG BIN. Ich werde noch zwei Monate warten, dann werd ich denen mal schreiben und anfragen ob sie es vielleicht aus Versehen bei den Monatsbinden abgelegt haben. Mittlerweile habe ich zwei weitere Stories geschrieben – die eine nennt sich DER LUSTMOLCH, und die andere: DIE KOPULIERENDE WASSERNIXE VON VENICE, CALIFORNIA. Könnte also durchaus sein, daß ich allmählich am Flippen bin.

Ich habe seit 3 oder 4 Tagen nichts gegessen, aber das ist bei mir normal. Ich wiege immer noch so an die 220 Pfund. War mal runter auf 133. Als Leichtgewicht hat mans eigentlich viel besser – beim Ficken, beim Rumtreiben, beim Schwimmen, und auch sonst. Ich schätze, ein Schwergewichtler hat den anderen nur in einem was voraus: beim Scheißen – Mann, es geht doch nichts über einen dicken schmalzigen fetten stinkenden Bierschiß, wenn du deine Arschbacken über die ganze dämliche Kloschüssel drapiert hast, auf deine Zehen starrst und einen abziehst! Glory! Und dann stehst du auf UND BEWUNDERST DEINE WÜRSTE! AH, SO VIELE! WAS FÜR EIN GROSSER MANN MUSS ICH DOCH SEIN, DASS ICH SO VOLLER SCHEISSE BIN!?!

Komische Sache – 3 kritische Studien über mich sind innerhalb von zwei Tagen mit der Post gekommen. Das eine ist ein dickes Buch, das andere ein Artikel in einem Sex Magazin, und das dritte irgend so ein Geschwafel über mich in einem Ding, das sich A BUKOWSKI SAMPLER nennt. Das schlimmste war eigentlich das von dem Professor, das dicke Buch – der spult einfach seine Literaturkritik ab, so wie man sie ihm beigebracht hat. Und um die Bauchpinselei vollkommen zu machen: die schlechtesten Gedichte erklärt er für die besten, und die besten für die schlechtesten; und ständig wirft er mit dem Ausdruck »Surrealismus« um sich; das muß man ihm im College wirklich in den Arsch gerammt haben. Die Sache mit dem Sex Magazin war wirklich noch am besten; mit dem Typ habe ich mal eine ganze Nacht durchgesoffen, so daß er dann über etwas reden konnte was ich ihm selber erzählt habe, anstatt Sachen aufzutischen die er sich nur so zusammengereimt hat als er mein Zeug las. Nachdem er vorher noch schnell seinen Doktor gemacht hat, verstehst du. Naja, und bei dem SAMPLER ging es ziemlich durcheinander. Die Jungs meinten es im Grunde gut, aber sie waren zu jung und hatten noch nicht genug durchgemacht. Ich will damit nicht sagen, daß man ALT sein muß, um etwas schreiben zu können; ich meine aber, wenn man alt IST und trotzdem noch schreiben kann und auf ein paar blutigen Schiffen gesegelt ist, dann hat man den anderen ein bißchen was voraus.

All right, Carl, ich komme allmählich in Fahrt, die 8. Flasche Bier, grad so die rechte Zeit, aber ich will noch was an der Story von der KOPULIERENDEN WASSERNIXE ändern. Mit ändern meine ich nicht umschreiben, sondern einfach Sätze rausschmeißen, Abschnitte, ganze Seiten. Es ist wie ein guter Schiß.

Sieh dich vor mit Weibern, die außer dicken Titten kaum was aufzuweisen haben; und bevor du die Tochter heiratest, fick erst mal die Mutter . . .

BUK

New Mexico

I was fairly drunk when it
began and I took out my bottle and used it
along the way. I was reading a week or two after
Kandel and I did not look quite as
pretty but
I brought it off and we
ended up at the Webbs, 6, 8, 10 of
us, and I drank scotch, wine, beer, tequila
and noticed a nice one sitting next to me –
one tooth missing when she smiled,
lovely, and I put my arm around her
and began loading her with bullshit.

when I awakened at 10 a. m. the next morning
I was in a strange house
in bed with this
woman. she was asleep but looked
familiar.

I got up and here was one kid running around in a
crib and another one running around the floor in
pajamas. I picked up a letter addressed to one
»Betsy R.«, so I went back in and said,
»hey, Betsy, there are kids running around all over
this place.«
»oh, Hank, damn it, I'm sick. I want to sleep, not
rap.«
»but look, the ...«
»make yourself some
coffee.«

I put the pot on and the little boy ran up in his
pajamas. I found a shirt and some pants and some
shoes and
dressed him.
then I cleaned a bottle with hot water, filled it
with milk and gave it to the kid in the
crib. he went for
it.

then I went in and squeezed her
hand. »I've got to go. are you all
right?«
»yes, a little sick. but please don't feel
bad.«
I called a yellow cab and we went back across
town.

is this what happened to
D. Thomas? I thought.
if a man didn't think too much he could be proud of his little
conquests –
except that the women were better than we –
asking nothing
as we squirted our poetry
our bullshit our
sperm to
them.
we were sick poets sick
people.

across town I knocked on the door of my host and
hostess.
»what happened?« they
asked.
»nothing. got
lost.«

they sat a beer in front of me
and I drank it as if I were
worldly:
a piece-of-ass
any-night
anywhere
type.

»somebody got a
cigarette?« I asked.

»sure, sure.«

I lit up and asked,

»heard from Creeley
lately?«
not giving a damn whether they had or
not.

The Beautiful Lady

we are gathered here now
to bury her in this
poem.

she did not marry a wino who
will beat her every
night.

her children will not wear
snot-torn shirts.

the beautiful lady
simply
died.

and may the clean dirt of this poem
bury
her.

her and her womb and her tomb
and her combs and her
poems

and her pale blue eyes
and her
grinning
rich
frightened
husband.

Es war heiß in der Bude. Ich ging ans Klavier und fing an zu spielen. Hatte natürlich keine Ahnung von Klavierspielen; ich hämmerte einfach auf die Tasten. Ein paar Leute tanzten auf der Couch. Irgendwann schaute ich zufällig mal unters Piano, und da hatte sich ein Mädchen lang gelegt, ihr Kleid war bis über die Hüften hochgerutscht. Ich spielte mit einer Hand weiter und langte mit der anderen runter und fummelte ein bißchen. Entweder war es mein haarsträubendes Geklimper oder das Fummeln, jedenfalls die Dame wachte schlagartig auf. Sie kroch unterm Piano hervor. Die Leute auf der Couch hörten auf zu tanzen. Ich schleppte mich rüber zur Couch und haute mich für 'ne Viertelstunde hin. Ich hatte zwei Tage und Nächte nicht mehr gepennt. Es war heiß da drin, elend heiß. Ich wachte auf und kotzte in eine Kaffeetasse. Und dann war die Tasse voll und es fing an auf die Couch zu gehen. Jemand brachte einen großen Pott angeschleppt. Grad noch rechtzeitig. Und ich fing richtig an zu reihern. Sauer. Alles war sauer. Ich stand auf und ging ins Badezimmer. Da waren schon zwei nackte Jungs drin. Einer war mit Rasiercreme und Pinsel zugange und schäumte dem anderen den Schwanz und die Eier ein.

»Hört her, ihr Schönen, ich müßte mal ne Stange Schit in die Ecke stellen.«

»Na man zu«, sagte der Typ, der eingeschäumt wurde, »wir stören dich nicht dabei.«

Ich ging an ihnen vorbei und hockte mich auf die Schüssel.

Der mit dem Pinsel sagte zu seinem Kunden, »Ich hab gehört, daß die Simpson vom Club 86 gefeuert haben.«

»KPFK«, sagte der andere. »Die feuern mehr Leute als Douglas Aircraft, Sears Roebuck und Thrifty Drugs zusammen. Ein falsches Wort, ein Satz, der nicht in ihr vorfabriziertes Schema von Politik, Kunst oder Moral paßt, und schon sitzt du auf der Straße. Der einzige, der bei KPFK nicht um seinen Job zu fürchten braucht, ist Eliot Mintz. Der ist wie'n Spielzeug-Akkordeon: du kannst es quetschen wie du willst, es kommt immer der gleiche Ton.«

»So, jetzt mach«, sagte der mit dem Rasierpinsel.

»Jetzt mach *was*?«

»Reib dein Bammelmann bis er hart wird.«

Ich ließ einen Dicken in die Schüssel platschen.

»Jessas!«, sagte der mit dem Pinsel, nur hatte er den Pinsel nicht mehr; er hatte ihn ins Waschbecken geworfen.

»Was Jessas?«, fragte der andere.

»Du hast 'n Kopf an dem Ding wie 'n Paukenschlegel!«

»Hatte mal 'n Unfall. Davon ist das.«

»Ich wünschte, ich könnt auch mal so 'n Unfall haben.«

Ich pflatschte noch einen in die Schüssel.

»Also, jetzt mach.«

»Was?« »Beug dich zurück und steck dirs zwischen die Schenkel.«

»So?«

»Yeah.«

»Und jetzt?«

»Jetzt mit dem Bauch vor. Hin- und Herreiben. Klemm die Beine zusammen. So! Siehst du! Du wirst nie mehr ne Frau brauchen!«

»Oh Harry, es ist *einfach* nicht das gleiche wie pussy! Was du mir da zeigst ist doch Scheiße!«

»Man muß nur ÜBUNG drin haben! Du wirst schon sehn! Wirst schon sehn!«

Ich wischte mir den Hintern ab, zog die Spülung, und machte daß ich da raus kam.

Ich ging zum Kühlschrank und holte mir zwei Dosen Bier raus; ich machte beide auf und fing an die erste zu kippen. Ich fragte mich, wo ich hier eigentlich war. Ich tippte auf North Hollywood.

Ich ließ mich in einen Sessel fallen, gegenüber einem Typ mit einem roten Blechdeckel auf dem Kopf und einem zwei Fuß langen Bart. Er war ein paar Nächte lang in großer Form gewesen, aber jetzt kam er von einem *speed* Trip runter, und sein Stoff war alle. Er hatte noch nicht das Schlafstadium erreicht, erst das traurige und leere Vorstadium. Hoffte vielleicht noch darauf, daß ihm jemand einen *joint* anbieten würde, aber es tat sich nichts.

»Big Jack«, sagte ich.

»Bukowski. Du schuldest mir noch 40 Dollar«, sagte Big Jack.

»Hör zu, Jack, mir ist es als hätte ich dir grad vor kurzem 20 Dollar gegeben. Ehrlich. Ich kann mich noch gut an die 20 erinnern.«

»Aber wie *kannst* du dich denn dran erinnern, Bukowski?

Du warst doch *besoffen*, Bukowski, deshalb kannst du dich an nichts mehr erinnern!«

Big Jack hatte einfach was gegen Säufer.

Seine Freundin Maggy, die neben ihm saß, machte jetzt den Mund auf. »Es stimmt, du hast ihm 20 gegeben, aber er sollte dir was zu Trinken dafür holen. Wir gingen beide weg und haben dir was geholt. Das Wechselgeld haben wir dir wieder gegeben.«

»Na is ja schon gut. Wo sind wir hier eigentlich? North Hollywood?« »Nee, Pasadena.«

»Pasadena? Das kann doch nicht sein ...«

Ich hatte eine Zeitlang zugesehen, wie diese Leute hinter so einen großen Vorhang gegangen waren. Einige kamen nach zehn oder zwanzig Minuten wieder raus, andere überhaupt nicht mehr. Das war jetzt schon seit zwei Tagen im Gange. Ich leerte meine zweite Dose, stand auf, zog den Vorhang weg und ging da mal rein. Es war stockdunkel da drin. Es roch nach Pot. Und Arsch. Ich brauchte eine Weile bis ich mich an die Dunkelheit gewöhnt hatte. Es waren fast nur Männer da. Leckten einander die Ärsche. Kauten einander ab. Rammelten. Nichts für mich. Dazu war ich zu altmodisch. Es war wie in der Turnhalle, nachdem die ganze Mannschaft am Barren geübt hatte. Und dazu der saure Samengeruch. Ich fing an zu würgen. Ein hellhäutiger Neger kam auf mich zu.

»Hey, du bist Charles Bukowski, stimmts?«

»Yeh«, sagte ich.

»Wow! Das ist der schönste Augenblick meines Lebens! Ich hab CRUCIFIX IN A DEATHHAND gelesen. Ich halt dich für den Größten seit Verlaine!«

»Verlaine?« »Yeah, Verlaine!«

Er langte mit einer Hand rüber und faßte mich an die Eier.

Ich nahm ihm die Hand wieder weg.

»Was is los?«, fragte er.

»Nicht grad jetzt, Baby. Ich schau nur nach nem Freund.«

»Oh sorry ...«

Er verdrückte sich. Ich schaute mich nochmal um und wollte gerade gehen, als ich eine Frau in der anderen Ecke des Zimmers sah. Sie hing da in der Ecke, die Beine auseinander, und schien ziemlich weg zu sein. Ich ging rüber und guckte sie mir an. Schien in Ordnung zu sein. Ich ließ meine Hosen runter und steckte ihr das Ding rein. Naja. Ich steckte rein was ich hatte.

»Ooooh«, machte sie, »ist das gut! Du bist so *kurvig*! Wie 'n Angelhaken!«

»Hatte mal 'n Unfall als Kind. Mit 'm Dreirad.«

»Ohhhhh ...«

Es lief grad ganz gut, als sich plötzlich was zwischen meine Arschbacken RAMMTE. Sterne tanzten mir vor den Augen.

»Hey, VERDAMMT NOCHMAL!« Ich griff hinter mich und zog das Ding raus. Da stand dieser Typ und ich hatte sein Ding in der Hand. »Was glaubst du eigentlich, was du hier machst, Buddy?«, fragte ich ihn.

»Hör zu, Sportsfreund«, sagte er, »das ganze ist ein großes Kartenspiel. Wenn du mitmischen willst, mußt du halt nehmen, was ausgeteilt wird.«

Ich zog mir die Hosen wieder hoch und machte, daß ich da rauskam. Big Jack und Maggy waren weg. Ein paar Leute lagen auf dem Fußboden rum, völlig hinüber. Ich holte mir noch ein Bier aus dem Kühlschrank, trank es aus und ging vors Haus. Die Sonne traf mich wie ein Unfallwagen mit sämtlichen Rotlichtern an. Man hatte meine Karre in eine fremde Einfahrt geschoben. An der Windschutzscheibe steckte ein Strafzettel. Aber man hatte Platz genug gelassen, damit ich das Ding wieder aus der Einfahrt herausbugsieren konnte. Das war das Nette an diesen Leuten hier. Jeder wußte genau, wie weit man gehen konnte.

A Rolling poem

when Paris was a lonely night
when the head lost its legs
and was eaten by ants
when Michelangelo rode a motorcycle
and after
and now
this one has gained 40 pounds
that one has become a liberal
this one has changed sex
that one now collects money
this one has retired to his garden
that one has gone mad
this one has written his first novel
that one lost his right eye on a merrygoround
this one lost his only child in a fire
that one murdered his wife
this one denounced God
that one saw God's asshole
this one bought a new Cadillac
that one cut his wrists in the bathtub
this one photographed Kay Boyle in her garden
that one fucked her
this one went to college
that one burned it down
this one killed his best friend
that one buried him
this one lived on rice for 2 years
that one died on a chickenbone
this little pig went to market
that little pig was sold there
this little man ate sausages
that little man ate bacon
this little girl loved her father
that little girl was raped by him
this little man loved the world
that little man controlled it
this big horse ran six furlongs in 1:08
that big whore sucked my dick.

when Paris was a lonely night
when the head lost its legs
and was eaten by ants
when Michelangelo rode a motorcycle
and after
and now
this little man wrote this poem
that little man read it,
and the Old Woman Who Lived in the Shoe
wrote Old Mother Hubbard,
I just can't go on anymore,
and Mother wrote back,
suck tit,
and the Old Woman reached down and did
and the little dog laughed to see such sport
and the man from St. Ives with all those wives
and kids,
and Gertie Stein rode a motorcycle through
Paris and Hem blew his brains against the ceiling
and the little dog laughed
and this one lost 19 pounds
and that one became a Republican
and how do you end a poem like this?
where do you end a poem like this?
how do you round it off?
how do you escape?
where's the exit?
what's the use?

good bye.
good night.
good morning.
good day.
good God, I'm going
crazy.
help me. help me.
this little man ate bacon.
that little man stuck it in his ears.

end. end. end. end. end. end. end. end. end. end.
bacon end. wives end. murder end. poem end. end.
end. end. end.
I've done it. I think I've done it.
god damn you, goodbye.